청소년을 위한

세계
종교
여행

청소년을 위한 세계 종교 여행

2008년 12월 19일 1판 1쇄
2022년 5월 31일 1판 11쇄

지은이 김나미

편집 정은숙, 서상일   **디자인** FN디자인 이정민, 김효경   **교정** 송혜주
마케팅 이병규, 양현범, 이장열   **홍보** 조민희, 강효원   **제작** 박홍기
출력 블루엔   **인쇄** 코리아피앤피   **제본** J&D바인텍

펴낸이 강맑실   **펴낸곳** (주)사계절출판사   **등록** 제406-2003-034호
주소 (우)10881 경기도 파주시 회동길 252
전화 031)955-8558, 8588   **전송** 마케팅부 031)955-8595 편집부 031)955-8596
홈페이지 www.sakyejul.net   **전자우편** skj@sakyejul.com
블로그 blog.naver.com/skjmail   **트위터** twitter.com/sakyejul   **페이스북** facebook.com/sakyejul

ISBN 978-89-5828-329-4 43200

청소년을 위한

세계 종교 여행

김나미 지음

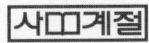

차 례

일러두기

1. 외국 사람 이름과 지역 이름 등의 표기는 국립국어원의 외래어 표기법에 따랐다. 다만 '코란'은 이슬람 현지 발음에 가장 가깝다고 본 '꾸란'으로 표기하고, '부다가야' 또한 인도 현지 발음에 가장 가깝다고 본 '보드가야'로 표기했다.

2. 성서 인명 표기는 공동 번역 성서를 따랐다.

3. 본문에 인용한 번역문은 자연스럽게 읽히도록 조금 다듬은 부분도 있다.

4. 인용한 내용에 대해 각각 출처를 밝혀야 하겠으나, 많은 사람에게 읽히고자 하는 목적을 지닌 책인 만큼 독자의 편한 독서를 위해 일일이 내용의 출처를 밝히거나 각주를 달지는 않았다.

5. 이 책에 실은 '종교인을 만나 봐요'라는 네 개의 글은 저자가 2004년 〈중앙일보〉에 연재한 '열린 마음, 열린 종교' 칼럼의 일부를 수정·보완하여 실은 것이다.

들어가는 글

2007년 여름, 한동안 온 나라를 떠들썩하게 한 사건이 있었어요. 아프가니스탄에서 선교 활동을 하던 한국인 23명이 탈레반 무장 세력에게 납치된 사건이었죠. 납치된 사람들은 그곳에서 선교 활동을 하고 있던 선교사 3명과 경기도 분당 어느 교회 교인 20명이었어요. 아프가니스탄은 이슬람 국가이고, 이슬람 근본주의자들인 탈레반 무장 세력이 활동하는 곳이에요. 이들이 납치되었을 때 교회도, 정부도, 국민도 다 긴장했어요. 모두 무사하기를 바라는 마음이었죠. 그러나 이들은 40일 동안이나 붙잡혀 있었고, 그중 2명은 안타깝게도 목숨을 잃고 말았어요.

이 일이 있고서 종교를 공부하는 나에게 질문하는 사람이 많아졌어요. 대부분 "탈레반 무장 단체는 이슬람교 신자들인가요?", "그들은 무슨 신을 믿나요?", "그들은 왜 기독교 신자들을 미워하는 거죠?", "기독교는 왜 선교사를 외국에 보내나요?" 하고 물었어요. 이런 질문들에 답하려면, 먼저 이슬람교와 기독교의 역사적인 배경부터 알려 주어야 해요. 그래야 오늘날 이슬람교와 기독교의 갈등을 알 수 있죠. 그래서 이런 질문들에 대답하기 위해 이 책을 쓰게 되었어요. 그리고 지금처럼 이슬람교와 기독교가 서로 원수지간이라면 앞으로 불행한 일이 또 일어날 수 있을 거예요. 이런 상황에서 이 책은 서로를 알고 이해하기 위해 준비한 책이에요. 다시는 마음 아픈 일이 일어나지 않기를 바라는 마음, 종교 간 화해와 평화를 간절히 기원하는 마음으로 책을 썼어요.

앞에서 말한 기독교와 이슬람, 이 두 종교 말고도 우리가 미처 이름조차 들어 보지 못한 많은 종교가 있어요. 여러 지역의 다양한 민간 신앙을 비롯하여 하나의 종교 안에서 입장이 달라 갈라져 나온 교파나 종파도 헤아릴 수 없이 많지요.

여러분은 아마도 우리나라에서 신자가 가장 많은 기독교와 불교가 익숙하게 느껴질 거예요. 우리나라의 신자 분포를 보면 불교, 개신교, 천주교, 이 3대 종교를 믿는 신자가 전체 인구의 반이 넘는다고 하지요. 그렇지만 3대 종교 말고도 민족 종교나 전통 종교가 있는 데다가, 갈수록 새로운 종교 단체가 늘어나고 있어요.

흔히 우리나라를 종교 백화점이라고 해요. 백화점에 진열된 다양한 물건들만큼이나 종교가 많다는 것이지요. 또 종교에서 선택의 폭이 넓으니, 먹고 싶은 것을 고르듯 종교도 뷔페식이 되었다는 말도 한답니다. 심지어 한국은 세계 종교 전시장이라고도 해요. 이렇게 다양한 종교가 우리나라에 있게 된 것은 고유의 민족 종교와 서양에서 들어온 외래 종교가 공존하는 가운데, 나라에서 정한 종교가 따로 없기 때문일 거예요. 게다가 우리나라 사람은 종교적인 성향이 무척 풍부한 사람들이죠.

우리나라는 전형적인 '다종교 사회'예요. 다종교 사회란 한 나라 안에 여러 종교가 같이 있으며, 어느 종교가 다른 종교에 비해 압도적인 영향력을 갖지 않는 것을 말해요. 사실 우리나라는 오래전부터 이미 다종교 사회였어요. 우리나라 종교의 역사를 보자면 기존의 민간 신앙이 있었고, 삼국 시대에 불교, 유교, 도교가 중국에서 들어왔어요. 이 종교들은 왕실에서 적극적으로 받아들여서 민간에도 널리 퍼져 나가게 되었지요. 이후 1600여 년이 지나면서 샤머니즘과 함께 불교, 유교, 도교는 우리의 전통 종교가 되었어요. 나중에 서양에서 천주교와 개신교도 들어왔지요.

다행히 우리나라는 헌법으로 종교의 자유를 보장하고 있어요. 헌법 제20조 1항에 이렇게 명시되어 있죠. "모든 국민은 종교의 자유를 가진다. 국교는 인정되지 아니하며 종교와 정치는 분리된다." 이렇듯 정해진 국교가 없고, 종교 활동을 자유롭게 할 수 있도록 보장한 덕분에 우리나라는 종교가 많아도 종교 때문에 내전과 같은 전쟁이 일어난 적이 없어요.

최근에 우리나라는 더욱 확장된 다종교 사회가 되고 있어요. 우리나라에 사는 외국인 숫자가 100만 명을 넘었다는 사실이 바로 이를 말해 줘요. 우리나라로 일하러 온 외국인 노동자들은 다양한 종교를 갖고 있지요. 또 국제결혼이 늘어난 만큼, 한국에 다문화 가정이 많아지고 있어요. 한 반 학생 가운데 다문화 가정의 자녀가 4명 중 1명이란 얘기가 있으니, 여러분 중에도 다문화 가정 친구가 있을지 모르겠네요. 이제 지구는 한 마을이나 마찬가지가 되었고 문화의 교류도 무척 많아졌어요. 따라서 다종교 사회의 추세는 앞으로도 계속 확장

될 거예요. 여러분이 종교를 가졌든 안 가졌든, 우리 주변에 종교를 믿는 신자들이 살고 있어요. 이런 사실은 우리가 여러 종교를 알아야 할 필요가 더욱 커지고 있다는 것을 말해 주지요.

어쩌면 여러분도 조기 유학을 가게 되거나, 부모님이 직장에서 해외 파견을 나가거나 이민을 가거나 해서 외국에 나가 살 기회가 생길 수도 있을 거예요. 이제 외국인을 만날 기회가 많아지고, 또 다양한 문화와 민족을 만나는 일을 피할 수 없겠지요.

나는 어떤 나라의 문화를 이해하고 적응하는 데 종교를 통하는 것이 가장 좋은 방법이란 점을 여러분에게 말해 주고 싶어요. 종교를 아는 것은 다른 문화를 알고, 다른 민족에 대해 배우는 것이기도 합니다. 또한 종교 공부를 하면서 자연히 세계사도 배우게 된답니다. 세계적인 종교인 유대교, 기독교, 불교, 힌두교, 이슬람교의 역사가 곧 세계사의 주축을 이루니까요.

이 책은 3부로 구성되어 있어요. 1부는 일상생활의 경험을 들어 우리가 종교를 알아야 하는 이유를 설명해요. 2부는 세계 여러 종교의 역사와 특징을 알기 쉽게 설명했어요. 마지막으로 3부는 앞서 살펴 본 종교를 한데 놓고 크게 바라보며 종교의 본질에 대해 설명하지요.

이 책이 이웃 종교에 대한 기본 지식도 익히고 다른 종교를 존중하는 계기가 되었으면 해요. 또 세계 종교의 역사를 살펴보면서 종교가 무엇인지, 종교인의 자세가 어떠해야 하는지 생각해 보고, 나아가 활짝 열린 마음으로 자신만의 종교적 관점을 가질 수도 있으리라 믿어요. 그럼, 이제부터 세계 종교와 함께 다양한 문화도 체험하는 신나는 여행을 해 볼까요?

마지막으로 이 책을 담당해 준 사계절출판사 편집자 서상일 씨에게 고마운 마음을 전하고 싶어요. 그가 없었다면 이 책은 빛을 볼 수 없었다고 해도 틀린 말은 아닐 거예요. 글의 방향과 내용을 정하는 데 큰 도움을 주었기에 이 책은 사실상 그와 함께 쓴 것이나 마찬가지예요. 그 밖에 책이 나오기까지 도움을 주신 모든 분들께 감사의 마음 전합니다.

2008년 10월 1일

김나미

I

종교는 인류의 지혜로 피어난 꽃과 같습니다. 그 꽃에서는 인간을
성찰하게 하는 향기가 퍼져 나오죠. 또 종교는 사회·문화·역사의
바탕에 있는 거대한 바다와 같습니다. 그 바다에서 밀려오는 파도
는 사회와 문화를 만들고 역사를 움직이는 힘이 되지요.
여기서는 본격적인 종교 여행을 하기 전에 종교가 우리 삶과 얼마
나 밀접한 관계인지 알아보아요. 또 종교 여행을 위해 꼭 필요한
마음, 곧 다른 종교를 존중하는 마음도 키워 보아요.

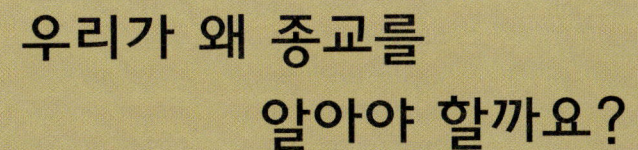

우리가 왜 종교를
알아야 할까요?

1

종교가 우리 생활과
상관이 있나요?

종교가 우리 삶에 어떤 영향을 끼칠까요? 종교와 우리의 생활이 서로 뗄 수 없을 정도로 밀접하다는 것을 말해 주는 몇 가지 예를 들어 볼게요. 3년 전 친구 남동생이 최첨단을 달리는 인터넷 정보 회사를 열었어요. 그런데 이 젊은 사장이 돼지 머리를 놓고 고사를 지내는 것이었어요. 떡도 해 놓고 큰 돼지 머리 입에다 돈을 끼워 넣으며 절을 올렸죠. 앞으로 사업이 잘되게 해 달라며 비는 모습이 최첨단 정보 회사라는 사실과 참 대조적이었어요. 그런가 하면 항공사에서는 비행기를 새로 구입해 들여오면 그 앞에서 고사부터 지내는 것이 관행이라고 해요.

고사는 우리 민간에서 무속이나 토속 신앙으로 내려온 것이에요. 조상신, 터주, 삼신과 같은 다양한 신들에게 소원을 비는 것에서 시작되었지요. 원래 고사는 음력 10월에 집터를 지키는 신(터주)에게 지내던 제사로, 집안의 평안을 기원하는 것이었어요. 세월이 흐르면서 가정만이 아니라 사업장에서도 고사를 지내게 된 것이지요.

또 나는 작년 수능 시험 전날 우연히 절에 갔다가, 추운 날인데도 엄마들이 땀을 흘리면서 절을 하고 있는 것을 보았어요. 시험 보는 자녀를 위해 천주교 신자는 묵주

대학 합격을 기원하는 촛불 ⓒ김나미

기도를 바치고, 개신교 신자는 새벽 기도를 가고, 불교 신자는 백일기도나 108배를 올리지요. 입시 때가 되면 왜 절과 성당과 교회가 붐빌까요?

내가 아는 어느 친구는 집안에 자동차 사고가 두 번 잇따라 나자 무당을 불러 굿을 하는 거예요. 굿이란 맺힌 것을 풀고 재앙을 막으려고 무당의 힘을 빌려 신령을 달래는 것이죠. 전형적인 무속 신앙인 굿은 우리나라에 불교, 유교, 기독교가 들어오기 전부터 있었는데, 민간에서 서민들의 애환을 달래 주는 역할을 했지요.

무속은 흔히 샤머니즘이라고도 해요. 우리나라 무속은 신령을 모시는 신앙인데, 무당(샤먼)이 종교 사제의 역할을 수행해 온 것이지요. 샤머니즘은 최첨단 문명을 자랑하는 오늘날에도 여전히 이어져 우리의 삶에 알게 모르게 영향을 주고 있답니다.

왜 조상에게 제사를 지낼까요?

그런가 하면 우리의 일상생활에는 관습이 되어 드러나는 것부터 보이지 않는 작은 것들까지 유교적인 것이 참 많아요. 유교의 본산지인 중국보다 우리나라가 유교를 더 크게 받들어 왔기에, 한국 사람들의 정신적인 뿌리에는 유교적인 면이 매우 강해요. 그런 까닭에 한국은 세계에서도 가장 유교적인 국가로 알려져 있어요. 유교를 공부하려고 중국이 아닌 한국으로 유학 온 외국인이 있을 정도지요. 기독교 신자건 불교 신자건 간에 한국 사람이라면 누구라도 유교적인 성향이 일상생활과 가족 문화에 깊이 배어 있음을 인정하지 않을 수 없을 거예요.

유교가 우리 생활과 밀접하다는 사실을 가장 잘 보여 주는 것이 바로

제사 죽은 사람의 넋에게 음식을 바치어 정성을 나타낸다. 공자에게 제사를 지내는 석전대제의 모습이다. ⓒ김나미

제사예요. 우리나라 종교 인구 가운데 기독교 신자와 불교 신자가 많죠. 그런데 이들 중 많은 수가 유교의 전통적인 풍습인 제사를 지내고 있습니다. 그만큼 유교의 영향이 깊은 것이겠지요? 우리는 눈에 보이지도 않는 조상을 위해 정성을 다해 음식을 만들고 제사상 앞에서 절을 올립니다. 이것은 2500년 전 공자의 가르침대로 효를 행하던 풍습이 대대로 내려온 것이에요. 후손으로서 마땅히 죽은 분들께도 효도를 하는 것이 사람의 도리라는 것이지요. 효도에 대한 강조만이 아닙니다. 웃어른 공경, 인간의 도덕성 강조, 교육 중시 같은 것이 모두 유교의 영향이랍니다.

우리 생활 속에 널리 퍼진 종교의 영향은?

무속과 유교 말고도, 우리 주변을 조금만 살펴보면 종교와 관련된 것들

이 얼마나 많은지 알 수 있어요. 우리가 흔히 쓰는 말 가운데도 종교적 의미가 담긴 낱말이 꽤 있지요. 특히 불교에서 온 것들이 많은데, 야단법석, 아수라장, 천생연분, 인연, 업, 찰나, 이심전심, 아비규환, 다반사, 이판사판, 무진장, 건달 같은 것들이 있어요. 몇 가지만 그 뜻을 살펴볼까요. 야단법석은 원래 '야외에 마련한 부처님 말씀을 듣는 자리'라는 뜻이었는데, 사람이 많이 모여 시끌벅적 어수선한 것을 가리키는 말이 되었어요. 아수라장은 인도 신화에서 전쟁의 신인 아수라에서 비롯하였는데, '피비린내 나는 전쟁터'를 아수라장이라 한 데서 유래되었어요. 그밖에 도교에서 온 말로는 공부, 도사, 도통, 신명, 신통, 개벽 같은 것들이 있지요.

그뿐이 아니에요. 우리가 너무나 당연하게 여기는 일요일도 원래는 서양에서 온 '주님의 날'인 주일에서 시작되었어요. 그리고 초파일(석가모니가 탄생한 날), 개천절(단군이 개국한 날을 기념하여 하늘에 제사를 지내는 국경일), 한식날(동지부터 105일째 되는 날로 조상의 산소를 찾아 제사를 지낸다. 설날·단오·추석과 함께 4대 명절)도 종교적인 의미를 가진 날이죠. 이렇게 보면 종교를 믿지 않는 사람이라도 종교가 우리 생활과 매우 가깝다는 걸 느끼지 않을 수 없을 거예요.

일반적으로 우리나라의 결혼식, 장례식을 보면 종교적인 성향이 드러나지요. 장례식에 가 보면 불교 방식이 있고, 천주교 방식이 있고, 개신교 방식이 따로 있는데, 죽은 사람이 무슨 종교를 믿었는가보다는 가족들이 무엇을 믿느냐에 따라 다르게 의식을 치르기도 해요. 장례식에서 어떤 사람은 묵주를 돌리고 어떤 사람은 찬송을 하고, 또 목사님이나 신부님이 기도하는가 하면 스님이 목탁을 치고 염불하기도 합니다. 대부분의 종교에는 죽음에 관련한 예식이 마련되어 있어요. 불교에서는 대체로 시신을 화장하고 49재나 천도재 같은 것도 지내지요.

결혼식도 마찬가지예요. 교회에 열심히 나가는 집안은 대부분 교회에서 결혼식을 올리고 목사님이 주례를 서 주시더군요. 나는 최근에 친구가 성당에서 영세를 받는다고 해서 축하해 주러 성당에도 가고, 또 돌아가신 친구 어머니의 천도재를 절에서 지낸다고 해서 거기도 갔어요.

이렇게 우리 삶의 중요한 순간을 종교적인 예식으로 치른다는 사실에서 우리 생활 속에 널리 퍼진 종교의 영향을 볼 수 있지요.

2

종교는 사회·문화를 아는

지름길이에요

종교는 문화의 중심이에요

종교는 역사적으로 대부분의 문화에 핵심적인 구성 요소가 되어 왔어요. 따라서 세계 여러 나라의 문화를 이해하기 위해서는 종교를 아는 것이 첫 번째 길이지요. 세계적인 역사학자 토인비(1889~1975)도 종교는 인간 삶의 중심이라고 했어요. 그는 세계사 전체를 추적해 밝힌 26개 문명권의 특징을 언급하며, 인간이 정치적·도덕적 도전에 응하게 했던 활력이 바로 종교였다고 강조했어요. 다시 말해 역사의 역동성은 종교적인 요소 없이는 이해할 수 없다는 결론을 얻은 것이지요.

토인비 인간이 정치적·도덕적 도전에 응하게 한 활력이 바로 종교였다고 강조했다.

어느 문화권에서나 종교가 인간의 사고와 행동에 큰 영향을 끼쳤답니다. 독일의 사회학자 막스 베버(1864~1920)는 종교와 문화의 관계에 대해 깊이 연구한 사람이에요. 그는 개신교가 새로운 노동 문화를 만들었음을 밝힌 것으로 유명하지요. 종교가 문화를 만드는 것을 두고 틸리히(1886~1965)와 같은 학자도 "종교는 문화의 실체이며, 문화는 종교의 형식"이라고 했어요. 모든 문화의 근본 뿌리는 종교에 있다는 말이지요. 좀 더 풀이하면, 문화의 배경에 종교가 크게 자리 잡고 있으며, 종교는 다양한 사회 현상에 스며들어 문화로 나타난다는 뜻이죠.

실제로 세계의 문화유산이나 문화재를 보면 종교 성지와 건축물이 대부분이에요. 세계 여행을 갔다가 나는 새삼 종교의 힘이 얼마나 거대한

미켈란젤로의 〈피에타〉 죽은 예수를 떠받치는 비탄에 잠긴 성모 마리아의 모습이 경탄을 자아낸다. 세계의 문화유산도 종교와 관련된 것이 매우 많다.

석굴암 본존불 경외심을 불러 일으키는 자비로운 부처의 모습이다. 우리나라의 문화재는 대부분 종교와 관련된다. ⓒ강우방

지 알게 되었어요. 유네스코 등록 세계 문화유산도 거의 모두 종교적 배경에서 나온 것들이고요. 또 우리의 찬란한 문화유산도 대부분 종교적인 배경을 갖고 있어요. 국보급인 팔만대장경, 반가사유상, 석굴암, 도산서원 같은 문화유산들이 그러하지요. 우리나라 국보와 보물은 거의 모두 불교와 유교를 배경으로 하고, 문화유산의 80% 이상이 종교적 배경이 있다고 해요. 이것만 봐도 종교와 문화가 떼려야 뗄 수 없는 관계라는 점을 실감하게 돼요.

종교를 몰라 실수한 적이 있나요?

여러분, 종교를 모르면 크게 실수하거나 오해받을 수도 있다는 것을 아나요? 어떤 문화의 뿌리가 되는 종교를 아는 것은 그 나라 사람들의 사고방식을 이해하는 지름길이에요. 그래서 다른 나라의 종교에 관심을 갖고 알아 둔다면 문화 차이 때문에 실수하는 일을 줄일 수 있어요.

요즘 외국으로 유학 가는 중고생들을 보면 '유학 가는 나라에 대해 잘 알고 가는 학생

이 몇이나 있을까?', '종교를 전혀 모르고 가면 적응하기 힘들 텐데……' 하는 생각이 들어요.

내가 종교에 대해 잘 모르던 시절, 외국 친구들의 종교를 잘 몰라 실수한 경험을 얘기해 줄게요. 서울 이태원에 가면 이슬람 사원이 있지요. 거기 와 있는 터키 선교사 부인에게 향수를 선물한 적이 있어요. 그런데 이슬람 규범에 따르면 여자가 향수를 쓰면 안 돼요. 나는 그걸 몰랐던 거예요. 나중에 큰 실수를 했다며 사과해야 했죠.

또 조로아스터교인을 만나 실수한 일도 있어요. 몇 년 전 내가 그 교인의 집을 찾아갔는데, 마침 그녀가 촛불을 켜고 경전을 읽으며 기도하고 있었어요. 난 조용히 마치기를 기다렸지요. 이내 그녀가 기도를 마치고 자리에서 일어나자, 내가 촛불을 꺼 준다고 입으로 '후욱' 하고 불었어요. 그런데 도와준다는 게 그만 큰 실수를 하고 만 거예요. 조로아스터교에서는 불을 신성한 것으로 봐요. 그리고 사람의 입에서 나오는 것들을 더러운 것으로 보지요. 더러운 것으로 신성한 불을 가까이 하면 안 되는데, 그걸 몰랐던 거죠.

어떤 종교에는 절대로 하지 말아야 할 일들이 있어요. 그것을 금기라고 하지요. 옛날엔 특정 종교의 금기 사항을 몰라 이따금 이런 실수를 했답니다. 이야기를 하다 보니 내 유학 시절이 떠오르네요.

여러 종교인과 함께한 유학 시절 이야기

1980년대 초 내가 20대였을 때 미국으로 공부하러 갔어요. 기숙사에는 외국 유학생들이 대부분이었는데, 세계 여러 나라에서 온 피부색이 다

다른 다양한 사람들을 만날 수 있었어요. 유대인도 있고, 중동인도 있고, 인도인, 중국인, 태국인도 있었지요. 유학 시절은 나에게 많은 추억거리를 만들어 주었는데, 대체로 먹는 것과 관계가 있어요. 기숙사 1층에 있는 공동 부엌에서 재미있는 일이 참 많이 일어났거든요.

중국 유학생들은 돼지고기 요리를 잘해 먹는데, 돼지고기를 안 먹는 이슬람권에서 온 중동 유학생들은 부엌에서 돼지기름 냄새가 난다며 싫어했어요. 또 해마다 9월이 되면 이슬람 여학생들은 부엌 출입도 안 하고 '라마단'이라는 한 달간의 금식 기간을 지키더라고요. 아침 해가 뜬 뒤부터 하루 종일 아무것도 먹지도 마시지도 않고 있다가 해가 진 다음에 먹고 마시지요. 배고픔을 어떻게 참는지, 난 그들을 보며 종교는 정말 대단한 정신력을 키워 준다고 생각했어요.

기숙사생 가운데는 유대인도 많았어요. 유대교인에게는 금요일 저녁부터 토요일 저녁까지 안식일이에요. 안식일(安息日)은 글자 그대로 편안하게 쉬는 날이지요. 옆방에 사는 유대교인 제니퍼는 철저하게 안식일을 지켰어요. 안식일에는 아무 일도 안 하지요. 이런 것을 두고 율법을 지킨다고 해요. 율법은 법률과도 같은 것인데, 다른 종교에서는 계율이라고도 말해요. 난 그때만 해도 유대인의 안식일 풍습을 몰랐어요. 그래서 언젠가 금요일 저녁에 제니퍼에게 같이 테니스 치러 가자고 했다가 난처해하는 모습을 보게 되었지 뭐예요.

태국에서 온 아룬야는 팔에 모기가 앉았는데 그냥 '후우' 하고 날려 보내는 거예요. 그래서 무척 놀랐지요. 나 같으면 손으로 때려잡았을 텐데 말이죠. 알고 보니 그 친구는 불교 신자였어요. '살생금지'라는 불교의 계율 때문에 모기조차도 죽이지 않는다는 것을 나중에 알았어요. 난 모기를 보면 잡아 죽였는데, 그 친구가 옆에 있으면 왠지 죄를 짓는 것 같은 기분이 들기도 했어요. 나중엔 나도 모기를 훅 불어서 날려 보내는 버릇이 생겼고, 불교에도 관심이 생겼어요. 그래서 아룬야에게 이것저것 물어보다가 친해지게 되었죠. 우리는 유학 기간 동안 참 가까운 친구로 지냈고, 20년도 더 지난 지금까지 서로 연락하며 지내고 있어요. 아룬야가 한국에도 다녀갔고, 나도 방콕에 가면 그 친구 집에서 묵어요. 친구 따라 강남 간다는 말대로 난 친구 때문에 불교를 공부하게 되었지요.

지금 생각해 보면 3년이라는 유학 기간 동안 기숙사 생활을 하면서 여러 종교 문화를 하나씩 하나씩 배웠나 봐요. 자잘한 실수를 많이 하기도 했지만, 이때 종교와 신앙의 차원을 떠나 다른 나라의 문화를 이해하는 데 그 나라의 종교를 아는 것이 중요하다는 점을 절실하게 느꼈어요.

종교는 사회를 유지시키고 변화시켜요

종교는 사회를 통합하는 기능을 하고 때로 사회를 변화시키는 힘이 되기도 해요.

무엇보다도 종교는 신자들이 하나의 공동체에 소속된 일원으로서 유대감을 갖게 해요. 종교 의식을 통해 사회 구성원들은 강한 일치감을 느끼게 되지요. 특히 국가가 위기에 빠졌을 때 종교가 어떤 역할을 했나 보면 그러한 특징을 확실히 알 수 있어요. 예를 들면, 고려가 몽골의 침입을 받아 절체절명의 위기에 빠졌을 때 방대한 팔만대장경을 만들어 백성을 통합하는 일을 했죠. 불교가 사회 질서를 유지시키고 구성원을 통합하는

팔만대장경 경판 팔만대장경은 몽골의 침입을 받아 고려가 위기에 빠졌을 때 백성을 통합하는 역할을 했다. ⓒ『한국생활사박물관』, 사계절출판사

역할을 해서 위기를 극복하는 데 큰 힘이 된 것이지요.

또 종교는 사회에 대한 불만을 종교 공동체나 예배 같은 것으로 해소하게 해서 사회를 안정시키는 완충 역할도 해요. 그래서 뒤르켕(1858~1917)이라는 프랑스의 사회학자는 사회가 해체되지 않고 유지되는 데에는 종교가 통합의 기능을 하기 때문이라고 주장했어요.

종교가 사회를 유지시키고 통합하는 기능을 갖는 데에는 긍정적인 면도 있지만 부정적인 면도 있어요. 종교가 옳지 못한 사회 구조와 규범을 정당화하는 데 도움을 준다는 점이지요. 예를 들면, 힌두교가 인도의 카스트에 기반을 둔 것은 사회 안정에 기여했으나 신분 제도를 정당화한 점에서 올바르다고 할 수 없어요.

그런데 종교가 이렇게 사회의 통합과 유지에만 영향을 주는 것은 아니에요. 반대로 사회의 변화에도 커다란 영향을 주었지요. 대표적인 예로 개신교를 들 수 있어요. 개신교는 종교개혁으로 서구 중세의 역사를 끝내고 근대의 문을 열었지요. 실제로 개신교는 근대 사회의 많은 특징을 예고하고 있어요. 막스 베버는 개신교 윤리가 자본주의 정신의 형성에 얼마나 큰 영향을 주었는지 밝혀내는 저서를 남기기도 했어요. 바로 『프로테스탄트 윤리와 자본주의 정신』이라는 유명한 책이죠. 베버는 그 책에서 개신교의 금욕적 윤리가 사람들을 노동에 충실하게 만들었고, 그래서 이전 사회와 다른 자본주의 특유의 노동윤리가 형성되었다고 분석했지요.

이렇듯 종교는 사회의 커다란 변화를 낳는 추동력이 되기도 해요. 자, 이제 사회를 이해하기 위해서도 종교를 꼭 알아야 한다는 것이 어떤 의미인지 알 수 있겠죠?

사회 유지·통합 기능
예) 팔만대장경

사회 변혁 기능
예) 근대 초 개신교

종교의 사회적 기능

3

종교는 사람을 이해하는

키워드예요

종교는 사회·문화를 아는 것만이 아니라 사람을 아는 것이기도 하지요. 한 사람의 가치관과 사고방식은 종교에서 많은 영향을 받아요. 그동안 내가 여러 종교의 성직자와 전도사를 만나면서 느낀 점은, 종교적인 환경에서 성장한 사람은 그 종교만의 독특한 성향을 닮았다는 것이었어요. 누군가에게 종교가 있다면 그 사람을 아는 첫째 키워드가 종교라 할 수 있지요.

각 종교의 가르침은 그것을 믿는 신자들의 생활이나 관습에 그대로 녹아 있는 경우가 많아요. 내가 겪은 이야기를 전할게요. 한 친지가 불교 신자가 되었다는 소식을 듣고 나서 몇 년이 지난 뒤 그를 만나게 되었어요. 그런데 사람이 완전히 바뀌었더라고요. 불교식 수행인 참선을 오래 해서인지 성격이 조용해지고 침착해진 거예요.

또 이슬람교인인 무슬림들은 대체로 일상에서도 신을 자주 찾아요. "인샤알라."라는 말이 있는데, 그 뜻은 "신(알라)의 뜻대로 하소서."라는 것이죠. 내 이슬람 친구는 시험이나 논문을 앞두고 고민이 있다가도 웃으면서 "인샤알라." 하거나, 대화를 할 때에도 뭔가 해결이 안 되는 문제에 대해 말하다가는 "인샤알라." 하고 말아요.

한편 인도인은 어떨까요? 인도인을 알려면 힌두교부터 알아야 한다는 말이 있어요. '힌두'란 '인도'라는 뜻이지요. 인도인의 일상생활을 보면 자신이 믿는 힌두교 신에게 예배 올리는 '푸자'로 하루를 시작해서 기도로 하루를 마무리하죠. 인도인들은 대체로 시간 여유가 많아서 날마다 출근하듯이 사원에 가는 사람도 있어요. 좋은 일이 있어도 나쁜 일이 있어도 습관처럼 가는 곳이 사원이지요. 인도인들은 힌두 신화에 나오는 신들처럼 무척 낙천적인 점이 특징이에요.

이렇듯 우리가 종교를 알아야 하는 또 하나의 이유는 바로 다른 사람을 아는 키워드가 종교이기 때문이에요. 그러고 보면 종교는 개인의 인성 형성에서 시작해, 나아가 한 집단이나 사회, 심지어 한 나라의 국민성과 민족성에도 영향을 주네요.

종교는 인간의 삶을 성찰하게 해요

종교는 인간의 삶을 성찰하게 하고 큰 변화를 가져오게 하기도 해요. 어쩌면 그건 미처 몰랐던, 사람의 가장 깊은 세계를 종교가 열어 주기 때문인지도 몰라요. 사실 종교를 이해하는 것은 우리의 삶과 그 의미를 탐구하는 것과 같아요. "내가 왜 사는가?", "인생의 참된 의미는 무엇인가?" 하는 것에 대해 답을 구하는 과정이기도 하지요. 그래서 종교학의 아버지로 일컬어지는 막스 뮐러(1823~1900)는 "종교를 이해하는 것이 곧 인간을 이해하는 것이다." 하고 말했어요.

종교를 공부하며 내 삶이 바뀌어 온 그간의 경험을 여러분과 나눌까 해요. 나는 지난 세월을 종교와 함께했고, 종교는 내 생활에 많은 변화를 가져왔어요. 가장 중요한 변화는 자신을 반성하게 되었다는 점이에요. 나는 날마다 잠자리에 들기 전에 오늘 내가 누군가에게 잘못한 일은 없나 반드시 돌아본답니다. 잘못한 일이 있다면 반성하고 다시는 안 하도록 참회해 왔어요. 반성을 하면서 남을 배려하게 되었으며 더 좋은 것을 찾는 욕심도 점차 사라져 갔어요. 그리고 주변의 어려운 사람들에게 눈길이 가고 그들에게 마음을 쓰게 되었어요.

사람이라면 누구나 자신의 주장이 옳고 자기가 세상에서 가장 잘났다고 믿는 성향이 있죠. 나도 예외가 아니었어요. 그렇지만 종교를 공부할수록 점차 나를 내세우거나 내 말이 옳다는 주장도 삼가게 되었어요. 모든 종교의 가르침을 다 따르지 못하고 몇 가지 나에게 맞는 것만을 골라 실천했을 뿐인데도 나도 모르게 생활 모습이 바뀌고 또 나 자신이 바뀐 거예요.

그리고 전에는 내가 물질적으로 넉넉하지 않다는 데 불만을 느낀 적이 참 많았어요. 그런데 수녀님들이 운영하는 무의탁 노인과 장애인 복지 시설을 보고 물질적 여유가 없는 것에 대한 불만을 다 떨쳐 버릴 수 있었어요. 또 훌륭한 성직자들을 보고 반성하게 되었죠. 오히려 내가 못 가진 것보다 가진 것이 더 많고 아직 건강한 것에 저절로 감사 기도가 나왔어요. 이럴 때 천국이 따로 없다는 생각을 한답니다. '자기를 비운다.'는 말이 있는데, 이 말의 뜻을 이젠 알 것 같아요. 나를 조금씩

로댕의 〈생각하는 사람〉 종교를 찾는 것은 인생의 참된 의미를 고민하는 과정과 같다.

비워 가니까 내 중심적인 생각이 많이 사라지고 마음이 너그럽고 편안해졌어요.

내 삶을 돌아보고 성찰하면서부터 일상생활이 더욱 충만해지고 작은 기쁨이 생겨났답니다. 또 조금씩 시간을 내어 나눔을 실천하게 되었죠. 그러다 보니 주변 사람들과 함께 웃을 일이 많아졌답니다. 아직도 갈 길이 멀지만 날마다 조금씩 노력하며 사는 것이 종교의 힘이라고 굳게 믿고 있어요. 여러분도 이 책을 통해 종교 여행을 하면서 저마다 삶을 성찰해 보고 나아가 생활에 작은 변화가 일어나길 기원합니다.

종교는 죽음에 대처하게 해요

이렇게 삶을 성찰하게 하고 큰 변화를 주기도 하는 종교지만, 그 근원을 깊게 파고들어 가면 우리는 죽음의 문제와 만나게 돼요. 사실 종교와 죽음은 서로 뗄 수 없는 관계예요. 사람이 반드시 죽음 때문에 종교를 갖게 되었다고는 할 수 없어도, 종교가 죽음에 대한 해답을 찾는 과정에서 생겨난 것만은 확실해요.

어려운 얘기 대신 내 경험을 전하고 싶어요. 내가 한창 사춘기 때 처음으로 괴로움이 이런 것인가 보다 하고 느낀 적이 있어요. 바로 아버지가 심장마비로 갑자기 돌아가셨을 때죠. 우리에게 왜 죽음이 있어야 하는지 난 너무 슬프고 괴롭고 무서웠어요. '왜 사람에게 죽음이 있을까?' 고민도 하고, '몸은 죽어도 영혼만은 남아 있을 거야.' 하면서 아버지의 영혼이라도 만나고 싶었어요. 그리고 모든 신에게 기도를 하기 시작했어요. 신을 만나 아버지를 다시 살게 해 달라고 하소연을 하고 싶었던 거지요.

죽음 앞의 인간 인간이 죽음 앞에서 무엇을 할 수 있을까? 죽음에 대한 인식이 심각하게 다가올 때 비로소 인간에게 종교가 다가온다. 위는 인도 바리나시 화장터의 그림이다. ⓒ김나미

이때 생겼던 고민이 발전해 나는 오랜 시간 철학과 불교를 공부했고, 지금은 종교학을 공부하고 있지요. 또 다양한 종교 현장을 다니면서 어디에 참된 진리가 있는지, 어느 종교에 참된 해답이 있는지 찾아 헤맸지요.

사람이 살면서 겪는 모든 문제, 곧 모든 괴로움과 불행 가운데 사람의 힘으로는 도저히 해결할 수 없는 불가항력적인 것도 있어요. 바로 죽음이지요. 죽어야 한다는 고통스러운 사실과 맞닥뜨리면 무엇을 할 수 있을까요? 죽음은 막을 수 없는 것이고 자연스러운 현상 가운데 하나지만, 사람이 죽음을 거부하는 것은 왜일까요?

대부분의 종교는 사람이 죽음을 자연스럽게 받아들이도록 하는 데 큰 역할을 했어요. 어떤 종교학자는 "사람이 죽음에 눈을 뜨며 종교가 시작되었다."는 말을 했지요.

친척 어르신 한 분이 병원에서 암 선고를 받고 나니까 내게 "교회 나가서 기도라도 해야겠다. 어떤 교회가 좋으냐?" 하고 묻더라고요. 죽음이 닥쳤을 때 초월적인 것에 의지하거나 종교에 기대게 되는 것은 당연한 일이겠지요. 인간만이 자신이 죽는다는 사실을 아는 유일한 동물이기에 죽음이 닥치면 사람은 종교를 마지막 의지처로 삼는답니다.

종교는 인생의 의미를 묻고 인간에게 해답을 주거나, 괴로울 때 위안이 되는 역할을 하지요. 또 다른 중요한 역할은 종교가 죽어서 가는 장소를 이야기해 주고 있다는 거예요. 그 곳들을 흔히 '좋은 곳'이라 하는데, 이에 대한 믿음은 죽음에서 오는 허무감을 달래 주고 위로가 되어 주지요. 기독교의 천국, 불교의 서방정토, 극락이 그러한 곳이에요. 어느 종교의 대비책이 정답인지는 모르지만, 사람에게 사후 세계를 보장해 주는 보험과 같은 것이 종교이지요. 그래서 영국의 철학자 스펜서(1820~1903)는 "사람은 삶이 두려워 사회를 만들고, 죽음이 두려워 종교를 만들었다."는 유명한 말을 남겼어요. 이는 죽음의 문제를 해결해 보려는 시도에서 종교가 나왔다는 말이지요.

지금까지 살펴보았듯 종교는 인간을 이해하고 삶과 죽음의 문제를 해결하는 데 매우 중요한 키워드가 되는 것이지요.

4

누가 무엇을 믿든

존중이 첫째예요

상대 종교를 존중하는 것은 기본 에티켓

우리 사회가 전형적인 다종교 사회이기 때문에 종교끼리 서로 존중하는 것은 필수이자 기본 에티켓이에요. 그런데 가끔 "무조건 내 종교가 최고다.", "내가 믿는 종교만이 진리다. 그러니까 믿어라." 하고 말하는 사람도 있어요. 이런 배타적인 태도를 종교적인 독선이라고 해요. 내 것이 최고의 진리라고 주장하려면 남의 종교도 알아야 하는데, 배타적인 사람들은 이웃 종교에 대해 아는 것이 거의 없어요. 종교학의 창시자로 존경받는 막스 뮐러는 "하나의 종교만 아는 사람은 종교를 모르는 사람이다." 하고 말했어요. 우리에게 종교적 독선을 깨라고 충고하는 것이죠.

내가 왜 종교에서 존중이 중요하다고 힘주어 말하는지 얘기해 줄게요. 몇 년 전 친구한테 들은 이야기인데, 들으면서 사실이 아니길 바라는 마음이 간절했어요. 친구의 옆집에서 일어난 일이에요. 그 집 아줌마의 시어머니는 불교 신자였대요. 해마다 초파일이 되면 할머니가 어린 손자를 데리고 절에 가면서 간간이 부처님 말씀을 들려주곤 했나 봐요. 아이는 아파트 단지 안에 있는 교회에서 운영하는 유치원에 다니고 있었대요. 그런데 어느 날 유치원 선생님이 "세상에서 누가 가장 훌륭하다고 생각하나요?" 하고 물었을 때, 아이는 "부처님이요." 하면서 할머니에게 들었던 부처님 이야기를 했대요. 그랬더니 그 유치원에서 아이를 보내지 말라고 통보를 하더래요. 그래서 아이는 할 수 없이 거리가 먼 다른 유치원으로 가게 되었고요. 참 유치하면서도 슬픈 얘기죠.

또 학교 후배가 어떤 남자와 결혼을 하려는데 후배네 집과 그 남자 집안의 종교가 달라서 결국 헤어지게 된 일도 있었어요. 신랑 쪽 집안에서 신부에게 교회에 나가라는 요구를 했기 때문이었어요. 자신의 종교를 믿으라는 집안의 강요가 사랑마저 갈라 놓았죠. 이런 얘기를 들으면 참 슬퍼져요.

자신의 믿음을 남에게 강요하는 것은 옳지 못해요

우리는 이따금 남에게 믿음을 강요해 주변 사람들을 피곤하게 만드는 경우를 보게 돼요. 그들은 자기네 종교를 믿지 않으면 사탄이나 이단으로 몰아 주변 사람들과 갈등을 일으키기도 하지요. 자신의 믿음을 남에게 강요하는 것은 옳지 못한 일이에요. 심지어 몇몇 과격한 개신교 신자는 장승의 목을 자르거나 단군 상의 목을 자르고, 사찰의 불상을 훼손하는 것과 같은 폭력을 휘두르기도 해요. 물론 이는 개신교 전체가 아니라 몇몇 몰지각한 개신교 근본주의자나 복음주의자들이 벌이는 일이죠. 이런 행동은 종교의 근본을 잊어버린 폭력일 뿐이에요.

길거리 전도사 "주 예수를 믿으라"는 띠를 두른 길거리 전도사가 스님에게 "마귀 믿지 말고, 예수 믿으라."고 말하고 있다. ⓒ김나미

그들의 폭력적인 행동을 보면 남들에 대한 증오로 가득 차 있는 것 같아요. 종교는 증오가 아니에요. 그런데 자신의 증오심을 종교의 이름을 빌려 발산하는 사람들이 있어

요. 나는 교회 나가고 예수님 믿는 것으로만 그치거나 믿음이 믿음으로만 끝나는 것이 아니라, 신자로서 자신을 비우고 남과 나누며 사랑을 실천하는 것이 중요하다고 생각해요.

사실 이런 문제는 일부 종교만의 문제는 아니에요. 내가 예전에 살던 아파트에서는 옆집에 불교 신자가 살았는데, 예수 믿으라고 문 두드리는 사람들이 오면 막 화를 내며 물을 끼얹기까지 했어요.

그리고 몇 년 전 이라크에 일하러 간 김선일 씨가 무장 괴한들에게 피살된 다음날이었어요. 그때 난 이태원 이슬람 사원에 있었는데, 화가 난 사람들이

경찰이 보호하는 이슬람 사원 2004년 이라크에서 김선일 씨가 무장 괴한들에게 피살된 다음날 경찰이 이슬람 사원을 보호하고 있다. ⓒ김나미

돼지 피를 봉지에 담아서 담 안으로 던지는 걸 봤어요. 그 뒤 또 이슬람 국가인 아프가니스탄에서 선교 활동을 하던 한국 기독교인이 납치되는 사건이 일어나자, 몇몇 기독교 웹 사이트에 입에 담지 못할 욕설과 악성 글이 많이 올라왔지요. 이런 일이 있을 때마다 참 마음이 아파요. 이젠 지구촌이 하나의 큰 마을과 같은데 종교에 대한 편견과 오해 때문에 이 마을 안에 사는 사람들이 아직 한마음이 못 되고 있는 것 같아요.

남의 종교를 존중함으로써 자신의 종교를 높여 보아요

다른 종교를 존중하는 것을 가정에서 시작해 보세요. 때로 한집안에서 종교가 달라 불화가 일어나기도 하잖아요. 집안에서 누군가 다른 종교를 믿는 것은 그 사람만의 선택이기에 아무도 그 선택을 잘못했다고 비난할 수는 없어요. 물론 이해하는 것이 쉽지는 않을 거예요. 한지붕 아래 같이 사는 가족이니까 기왕이면 종교가 같으면 좋겠다는 욕심이 나는 법이죠. 나는 이 문제로 고민하는 사람들을 꽤 보았어요. 평소에 별 문제가 없다가도 제사나 장례식 같은 큰일을 치를 때 예식 문제로 서로 의견이 맞지 않아 서먹해지는 일이 더러 있더라고요. 한집안에서 종교가 다를 경우 더욱더 존중해야 하는 이유는 화목이 맨 먼저이기 때문이지요.

사람마다 생김새와 성향과 기질이 다른 것처럼 종교를 선택하는 기준도 다른 게 당연하지 않나요? 전보다 종교의 종류가 다양해진 만큼 선택하는 폭이 넓어졌고, 또 대한민국 사람이라면 누구나 자신이 믿고 싶은 것을 믿을 권리가 있어요. 나아가 종교를 믿지 않는 것도 자유지요. 이상적인 신앙 생활은 건전한 생활을 하게 해 주는 것이 틀림없는 사실이지만, 자기 종교만을 주장하면 남들에게 불쾌감을 줄 수 있어요. 누가 무엇을 믿든 종교에서 첫째 에티켓은 바로 남의 종교를 존중해 주는 것이고, 종교는 절대로 남에게 강요해서는 안 되는 것이랍니다. 기원전 3세기 인도의 아소카 왕이 남긴 비석의 칙령에는 이런 말이 있어요.

다른 사람의 종교는 존중되어야 한다. 다른 사람의 종교를 존중함으로써 스스로 자신의 종교를 높일 수 있다. 만약 이와 같이 실천하지 않는다면 스스로 자기 종교를 해칠 뿐만 아니라 다른 사람의 종교도 해치게 된다. 만약 누군가 자기 종교를 영광되게 하기 위해서 다른 사람의 종교를 비하한다면 그것은 오히려 자신의 종교를 해치는 것이다.

참 많은 것을 생각하게 하는 좋은 말이에요. 그리고 남을 존중하는 것에서 한 걸음 더 나아가 친구의 종교에 대해서 알아보는 것도 우정의 표시가 될 수 있어요. 처음 친구를 사귈 때 그 친구가 나와 다른 종교를 갖고 있다면, 먼저 그 친구의 종교에 대해 배워 보세요. 지금 교회에 나간다면 절에 다니는 친구를 통해 부처님을 한번 만나고, 절에 다닌다면 교회 다니는 친구에게 예수님에 대해 물어 보세요. 굳이 남의 것까지 알 필요가 없다고 생각하더라도 다른 종교를 존중할 줄 아는 포용력만은 가져야겠지요.

우리는 모두 이웃이에요

새해가 되면 내가 빠뜨리지 않고 하는 일 가운데 하나가 신문에서 각 종교의 지도자들이 띄운 신년 메시지를 읽는 것이에요. 다른 종교를 존중해야 한다는 것은 이런 새해 인사에서도 자주 볼 수 있지요.

서울 수유리에 있는 화계사라는 절은 외국에서 한국으로 와 출가한 외국 스님이 많은 절이에요. 그런데 바로 그 옆에 신학대학원이 있어요. 지난봄 초파일이 가까워 오는데 그 근처를 지나가다 본 장면이 있어요. 신학대학원 정문에 "부처님의 탄생 온누리 기쁨누리"라는 현수막이 걸려 있었어요. 작년 크리스마스 때는 길 건너 화계사 절 입구에 "아기 예수님

종교의 아름다운 공존 초파일에 한신대에서 "부처님 탄생 온누리 기쁨누리"라는 현수막을 내걸었다. 세계의 여러 종교가 이토록 아름다운 모습을 보여 준다면 세상은 무척 평화로워질 것이다. ⓒ김나미

탄생을 축하합니다"라는 현수막도 보았죠. 이웃끼리 정말로 사이좋게 지내는 것을 보고 흐뭇했어요. 종교가 다르다고 친구가 되지 말란 법 있 나요?

여러분은 혹시 새만금 간척 사업이라고 들어 봤나요? 정부가 1991년 부터 서해안 갯벌을 메워 농경지와 산업 단지로 만들겠다고 했는데, 점 차 이것에 대한 반대 여론이 높아졌어요. 소중한 갯벌을 파괴한다는 이 유 때문이었죠. 더구나 서해안 갯벌은 세계에서도 보기 드문 풍성한 갯 벌이거든요. 그래서 2003년 여러 종교인들이 대대적으로 뭉쳐서 새만 금 간척 사업을 반대하고 나섰지요. 그때 각 종교의 대표로 스님, 신부

님, 교무님, 목사님 네 분이 뭉쳐 '삼보일 배'를 했어요. 전북 부안 갯벌에서 서울까지 자그마치 300여 킬로미터를 세 걸음마다 한 번 절하면서 걸어 가는 순례 행진이었죠. 이 사업이 진행되면 갯벌에 사는 모든 생물들이 죽어 갈 테고 환경을 파괴하는 것이니 생명을 살리자고 했던 거룩한 실천이었어요. 그때 순례에 참가했던 스님에게 물었더니 "갯벌에 사는 생물도 우리 이웃인데, 이웃을 죽일 수는 없다."고 대답

삼보일배 "갯벌에 사는 생물도 우리 이웃"이라며 삼보일배 행진을 하고 있다.

해 주셨어요. 이런 성직자들에겐 사람뿐 아니라 살아 있는 모든 생물이 같은 하늘을 덮고 사는 이웃인 거지요. 그때 가슴 뭉클했던 기억이 아직도 생생해요.

종교와 전쟁

세계가 이웃이나 마찬가지지만 때로 끔찍한 일도 일어났어요. 자신의 종교만이 옳다고 주장하면, 작게는 한집안 식구나 친구끼리 서로 불편한 관계가 되기도 하고, 크게는 국가 간에 전쟁이 일어나기도 해요. 종교는 평화로운 세상을 가져다줄 때도 있지만 전쟁을 불러오기도 한답니다. 역사상 가장 큰 종교 전쟁은 십자군 전쟁이었어요. 지금으로부터 1000년쯤 전에 일어난 이 전쟁은 이슬람이 예루살렘을 정복하자 유럽의 기독교 국가들이 이 성지를 되찾겠다고 군대를 보낸 데서 시작되었지요.

예루살렘은 기독교와 이슬람교에 똑같이 중요한 성지예요. 옛 이스라엘 왕국의 수도가 예루살렘인가 하면, 이슬람에서는 예언자 무함마드가 승천했다고 알려진 곳이지요. 기독교인들이 십자가를 앞세우고 예루살렘을 탈환하려 한 십자군 전쟁은 인간이 종교를 내세워 얼마나 잔인할 수 있는지를 잘 알려 준 끔찍한 전쟁이었어요. '신의 이름으로' 7차까지 간 십자군 전쟁은 300여 년간 지속되며 수많은 사람을 죽음으로 몰아넣고 고통스럽게 했어요.

십자군 전쟁이 끝난 뒤에는 유럽 대륙을 또다시 혼란으로 몰아넣은 30년 전쟁이 일어났어요. 1618년부터 1648년까

십자군 전쟁 인간이 신의 이름을 빌려 얼마나 잔인해질 수 있는가 하는 것을 잘 알려 준 참혹한 전쟁이었다.

지 독일에서 일어난 이 전쟁에서 유럽 각국이 종교, 왕조, 영토 같은 문제로 분쟁을 벌였죠. 분쟁의 원인은 복잡했지만, 구교인 천주교(가톨릭)와 신교인 개신교(프로테스탄트) 사이의 갈등이 바탕이 된 전쟁이었어요.

가장 최근에 일어난 전쟁으로는 이라크 전쟁이 있어요. 이는 미국이 유전을 확보하려고 이라크에 친미 정부를 세우려 한 석유 전쟁이라고도 해요. 그러나 그와 함께 기독교 국가인 미국과 이슬람교 국가인 이라크가 충돌한 종교 전쟁이기도 하지요.

나라와 나라 사이만이 아니라 한 나라 안에서도 종교가 달라 전쟁이 일어나기도 해요. 한 나라 안에서 생긴 종교 간 갈등이 민족이나 종족 갈등과 겹쳐지면 더욱 심각한 상황으로 치닫게 돼요. 예를 들어 북아일랜드는 천주교와 개

루벤스의 〈베들레헴의 영아 학살〉 아기 예수의 탄생에 관한 성경 이야기를 소재로 그린 그림이나, 루벤스는 당시 유럽에서 실제로 벌어지고 있었던 30년 전쟁의 참혹함을 보여 주고자 했다.

신교가 서로 반목한 경우지요. 이 밖에도 체첸, 세르비아, 코소보, 동티모르, 그리고 몇몇 아프리카 국가에서도 종교 갈등으로 내전이 일어났어요. 또 인도에서는 카슈미르 분쟁이 있고, 파키스탄에서도 힌두교와 이슬람의 충돌이 있어요. 이들 분쟁의 배경에는 종교 갈등과 함께 민족 갈등이 있어 심각함을 더하지요.

특히 팔레스타인은 여전히 세계의 화약고로 남아 있어요. 이곳에서는 이스라엘과 이슬람의 갈등이 무척 날카롭고 거칠어요. 팔레스타인 지역은 이슬람교도가 대다수인데, 1948년 유대교 국가 이스라엘이 건국되면서 갈등이 더욱 커졌어요. 유대인이 옛날에 자기 땅이었다며 돌아와 이스라엘을 건국하고 팔레스타인 지역에서 살고 있던 사람들을 쫓아 버렸거든요. 이 때문에 둘은 원수지간이 되고 말았어요. 이스라엘이 건국된 뒤 네 번이나 중동 전쟁이 있었지요. 1990년대 팔레스타인에서 들려오는 뉴스 가운데 자살 폭탄 테러 소식이 많았고, 그때부터 우리는 '테러'라는 용어를 자주 듣게 되었지요.

평화를 호소하는 성 프란체스코 십자군 전쟁이 한창일 때, 성 프란체스코(오른쪽)가 팔레스타인의 술탄(가운데)을 만나 평화를 호소하고 있다. 전쟁을 일으킨 교황과 달리 평화를 위한 행동에 나선 성 프란체스코야말로 진정한 종교인이라 할 수 있을 것이다.

팔레스타인 분쟁 외에도 세르비아 내전, 코소보 사태, 이것은 모두 이슬람 문명권과 기독교 문명권의 마찰에서 시작된 전쟁이고 아직까지 해결책을 찾지 못했어요. 종교 분쟁은 유엔이 나서서 중재를 해도 소용이 없을 만큼 서로 적대감이 크다는 특징이 있어요. 이슬람교와 기독교는 유대교와 함께 모두 아브라함을 믿음의 조상으로 삼는 형제나 마찬가지인데 언제 이 형제가 평화롭게 지낼 수 있을까요. 종교가 다르다는 이유로 이웃이 서로 적이 되고 원수가 되는 것은 어떤 이름을 가진 신이라도 원치 않을 거예요.

종교는 평화를 강조하는데, 오히려 역사를 보면 종교가 평화를 깨뜨린 경우가 참 많았던 것 같아요. 종교를 비판한 어느 학자는 "종교가 있는 한 전쟁은 사라지지 않을 것이다. 아무리 사랑과 평화를 외쳐도 종교 폭력이 난무할 것이다."라는 말까지 하더군요. 국제적인 종교 전쟁에서부터 집안에서의 종교 갈등까지 포함하자면 종교가 오히려 평화를 위협하는 일이 많다는 말을 부인하기 힘들어요.

과연 어떻게 하면 종교가 인류의 화해와 화합에 기여할 수 있을까요? 종교가 참으로 제 역할을 다한다면 세계는 전쟁 없이 평화로워지지 않을까요? 십자군 전쟁이 한창일 때, 팔레스타인의 지도자를 만나 평화를 호소한 성 프란체스코의 모습에서 우리는 진정한 종교의 역할을 볼 수 있지 않을까요? *

II

세계에는 수많은 종교가 있는데, 여기서는 조로아스터교, 유대교, 천주교, 개신교, 이슬람교, 힌두교, 불교, 유교를 살펴볼 거예요. 이 종교들은 각 지역 문명의 토대가 된 중요한 종교들이죠. 이들 종교의 역사와 특징, 오늘날의 모습 등을 살펴보면서 각 종교에 대한 이해를 높이게 되길 기대해요. 자, 이제 본격적인 종교 여행을 떠나 볼까요.

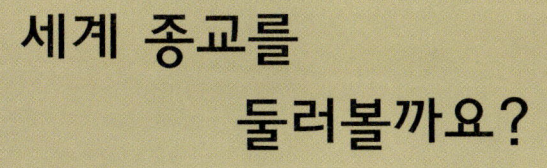

세계 종교를

둘러볼까요?

중동 종교의 뿌리,

조로아스터교

선과 악의 대립으로 세상을 보다

조로아스터교는 고대 페르시아 제국에서 태어난 종교예요. 이 종교는 세계 종교의 기원에서 무척 중요한 자리를 차지한답니다. 창시자인 조로아스터는 신에게서 받은 계시를 사람들에게 전한 예언자였어요. 그는 신비에 쌓인 인물이랍니다. 태어난 시기는 대략 기원전 1000년에서 600년 사이로 봐요. 생몰 연대가 어디에도 나와 있지 않아 당시 페르시아의 역사와 경전으로 추정만 할 뿐이죠. 스무 살 즈음에 종교적인 생활을 시작했고, 서른 살 즈음에 '아후라 마즈다'라는 신이 보낸 천사를 통해 계시를 받았다고 전하지요.

조로아스터는 그리스어 이름이고, 페르시아어로는 자라투스트라라고 한답니다. 자라투스트라는 '하얀 낙타'라는 뜻인데 순수함을 상징한다고 해요. 조로아스터교의 신은 아후라 마즈다예요. '지혜의 주님'이란 뜻이지요. 그리고 조로아스터교의 경전은 아베스타인데, 아후라 마즈다 신을 찬양하는 찬가집이에요.

대부분의 중동 종교와 마찬가지로 조로아스터교도 유일신 사상에서 출발해요. 당시 페르시아는 여러 신을 섬기는 다신교가 성행했는데, 조로아스터는 아후라 마즈다 신만을 유일한 참된 신으로 보고 다른 신은 모두 부정했지요.

조로아스터교는 빛과 어둠, 천사와 사탄, 부활과 종말, 낙원과 지옥 등과 같이 이원론에 기

조로아스터 초상화

아후라 마즈다 조각

초를 두고 있어요. 세계에는 대립하는 두 가지 힘, 곧 선과 악이 있다고 보기 때문이지요. 선한 신 아후라 마즈다는 생명과 빛을 택하고 사악한 영인 앙그라 마이뉴는 죽음과 어둠을 택했기에, 이 세상은 끝없는 선과 악, 빛과 어둠의 전쟁터라고 해요. 그러나 마지막에는 선이 승리한다고 해요. 또한 사람의 내면에도 선한 영과 악한 영이 치열하게 대립하고 있으므로 사람은 자신의 이성과 자유의지로 둘 중 하나를 선택해야 한다고 가르쳐요.

그 밖에도 조로아스터교의 교리에는 종말론, 최후의 심판, 부활, 천사, 악마의 개념 같은 것이 있어요. 우리가 흔히 쓰는 악마, 사탄이라는 낱말이 처음 나온 것도 여기에서였죠. 조로아스터는 자신이 숨지고 3000년이 지나면 세상에 종말이 오는데, 그때 구세주가 나타날 거라 예언했어요. 천국·연옥·지옥에서 모든 인간이 부활하고, 최후의 심판이 행해져 악은 사라진다고 했지요.

사람의 지혜를 높이 보다

조로아스터교는 배화교(拜火敎, 불을 숭배하는 종교)라는 이름으로 더 잘 알려져 있어요. 조로아스터교도들에게 불은 예배의 대상이지요. 세계의 거의 모든 종교 예식에서 불을 켜지만, 특히 조로아스터교는 신만큼이나 불을 숭상해요. 유난히 조로아스터교가 불을 숭상하는 이유는 무엇일까요? 그것은 불이 지혜의 상징이기 때문이에요. 불빛의 밝음으로 악의 상징인 어둠을 몰아내듯이, 지혜가 우리의 앞길을 밝혀 주지요. 결국 불을 숭배한다는 것은 불 자체를 예배 대상으로 숭배하는 것이 아니라 불에 담긴 뜻인 사람의 지혜를 숭상한다는 의미예요.

이러한 조로아스터교는 다른 종교와는 달리 '하라, 하지 말라'는 계율이 없어요. 인간의 지혜로 스스로 판단하면 되는 것이죠. 오늘날 어떤 종교적인 행사든 반드시 초를 켜는데, 이 의미를 조로아스터교와 연관해서 상상할 수도 있지요. 대체로 성스러운 공

불의 제단 사산 왕조 시대에 조로아스터교도들이 사용한 불의 제단이다.

간에 초를 켜는 것을 보면 어둠을 몰아내는 것뿐 아니라 불에서 지혜를 얻으려는 것이 아닐까 해요.

또 조로아스터교의 특성 중 하나가 조장이라는 장례예요. 시신을 매장하거나 화장하지 않고 높은 곳에 가져가 독수리에게 먹이로 주지요. 이 풍습은 육체는 소멸해도 영혼은 새를 통해 천국으로 간다는 생각에서 나온 것이에요.

침묵의 탑 언덕 위에 조로아스터교 신자들이 조장을 하던 침묵의 탑이 있다.

페르시아 제국의 대표 종교

조로아스터교는 기원전 6세기 즈음 번창하기 시작해 페르시아 제국 전체에서 신봉되는 종교가 되었고, 사산 왕조 때 국교가 되었다고 해요. 다리우스 1세를 비롯해 여러 왕의 비문에 아후라 마즈다에 대한 신앙이 드러나 있는 것으로 확인할 수 있지요. 조로아스터교는 한때 중국까지 전파되어 융성하게 뻗어 나갔어요. 그러나 페르시아가 멸망하자, 조로아스터교 신자의 숫자가 눈에 띄게 줄어들었고, 결국 옛 영광은 역사 속으로 사라지고 말았지요. 조로아스터교가 탄생한 이란은 현재 대표적인

다리우스 1세의 무덤 다리우스 왕이 성스러운 불을 아후라 마즈다 신에게 바치고 있다.

이슬람 국가가 되어 있어요.

오늘날 조로아스터교는 이란 남부의 작은 도시인 야즈드에 소수만 남아 있고, 인도 북부로 대거 이주했던 후손들에 의해 전승되고 있어요. 전 세계 신자를 다 합쳐도 30만 명 정도밖에 안 된다고 해요. 인도에 있는 후손들은 페르시아가 망하고 이슬람 문명이 일어났을 때 이슬람으로 개종하지 않고 자신의 종교를 지키기 위해 이주한 사람들이에요. 이들은 봄베이(지금은 뭄바이란 이름으로 개칭) 지역에 따로 '작은 페르시아'를 만들어 살고 있는데, 이들을 '페르시아에서 온 사람들'이란 뜻의 파르시라고 일컫지요. 파르시가 20만 명 정도 되니까 전 세계 조로아스터교인의 3분의 2가 인도에 있는 셈이지요.

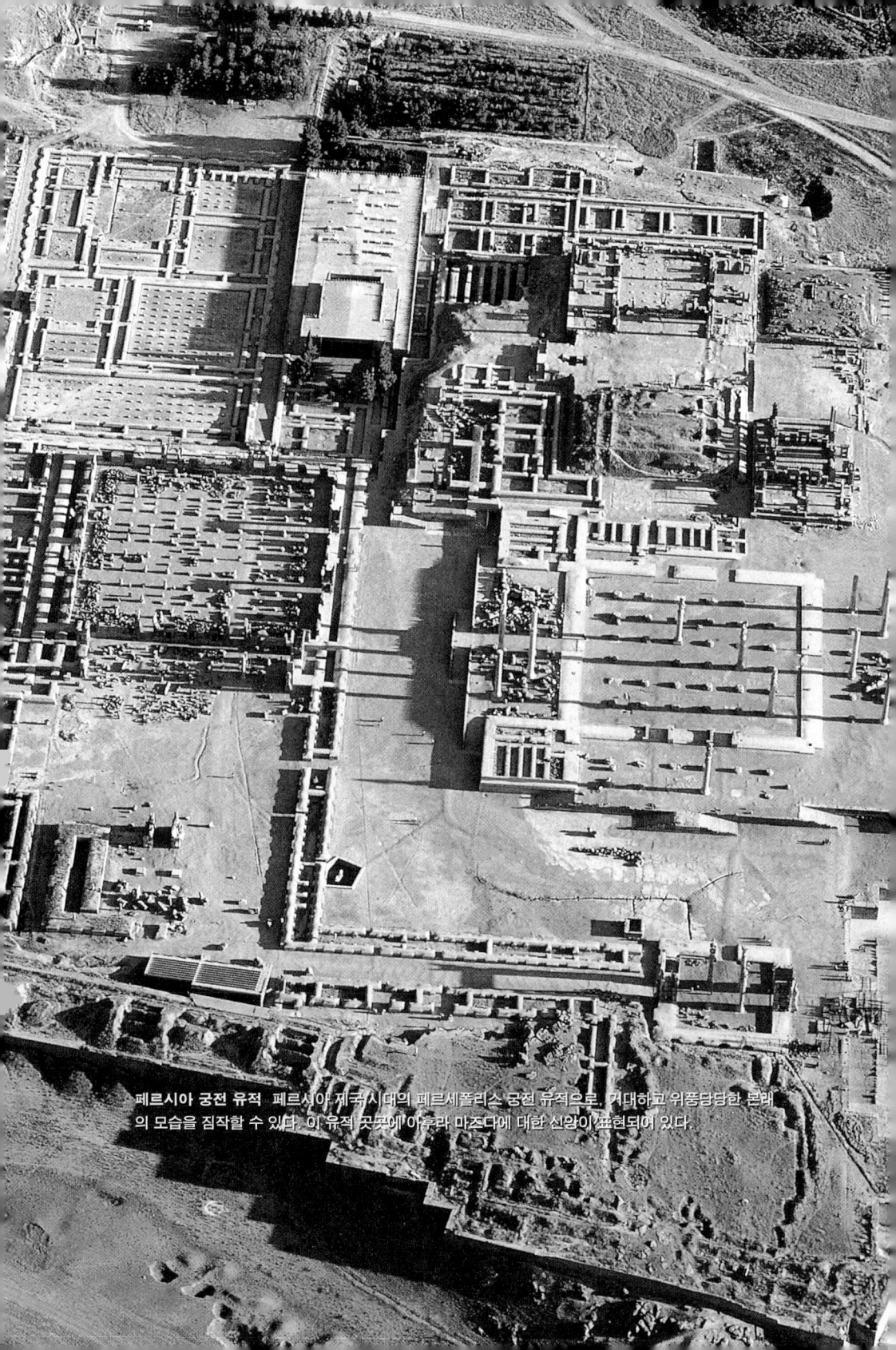

페르시아 궁전 유적 페르시아 제국 시대의 페르세폴리스 궁전 유적으로, 거대하고 위풍당당한 본래의 모습을 짐작할 수 있다. 이 유적 곳곳에 아후라 마즈다에 대한 신앙이 표현되어 있다.

시뇨렐리의 〈최후의 심판〉 최후의 심판이 벌어져 의롭고 선한 일을 한 사람이 보상을 받는다는 교리
는 유대교, 기독교, 이슬람교에 공통되는데, 이는 조로아스터교에 뿌리를 둔 것이다.

세계 종교에 영향을 주다

오늘날 조로아스터교는 사람들에게 거의 잊힌 종교가 되었어요. 하지
만 이 종교의 자취가 사라진다 해도 그 중요성은 아무리 강조해도 지나
치지 않아요. 왜냐하면 조로아스터교의 교리와 체계가 유대교의 교리
를 형성하는 데 밑바탕이 되었거든요. 또 유대교에 흡수되었던 조로아
스터교의 교리와 사상은 나중에 기독교와 이슬람교에까지 매우 큰 영
향을 주었답니다.

그뿐만 아니라 조로아스터교는 기원 전후 지중해 지역에 강력하게 퍼져 있던 영지주의라는 사상에도 영향을 주었죠. 영적인 깨달음을 중시하는 영지주의는 나중에 기독교가 세력을 떨침에 따라 배척되어 힘을 잃고 말았지만, 다른 여러 종교와 사상에 영향을 주었어요.

그리고 3세기에 조로아스터교에서 파생한 마니교라는 종교도 있었어요. 조로아스터교를 개혁해서 생겨난 종교였지요. 마니교는 조로아스터교에 의해 이단으로 몰렸지만, 이 두 종교는 서로 경쟁하며 중국까지 전파되었어요.

이러한 많은 영향 가운데서도 조로아스터교 교리가 유대교에 흡수된 사건은 역사적으로 참 중요한 일이었어요. 구전으로 내려오는 계시와 율법만 있던 유대교에 왜 갑자기 경전이 필요하게 되었을까요? 그것은 당시 유대인들이 포로로 바빌론에 잡혀 갔을 때 조로아스터교에 자극을 받았기 때문이에요. 바빌론에서 유대인들이 듣고 본 것은 당시 바빌론의 종교인 조로아스터교의 교리와 조직 체계였거든요. 이때 조로아스터교의 교리 내용이었던 종말론, 최후의 심판, 선과 악의 대결, 부활, 천국과 지옥, 천사의 개념 등이 유대교에 흡수되었지요.

따라서 유대교와 기독교를 비롯해 중동의 모든 종교와 사상은 조로아스터교의 영향에서 벗어날 수 없답니다. 그래서 종교학에서는 조로아스터교를 아주 중요하게 다루지요. 한 알의 씨앗이 많은 열매를 맺듯, 조로아스터교는 중동에서 시작된 종교인 유대교, 기독교, 이슬람교 모두에 교리의 한 부분을 제공했어요. 말하자면 유대교, 기독교, 이슬람교는 조로아스터의 뿌리를 나눠 가진 형제인 셈이랍니다.

한국에 사는 조로아스터교 신자, 베나이퍼 코트왈

서울에도 조로아스터교 신자가 살고 있어요. 책에서나 보던 조로아스터교 신자를 직접 만나는 기분은 묘했어요. 내가 만난 여자 분은 아버지가 조로아스터교의 성직자예요. 남편의 사업 때문에 함께 한국에 왔고, 이름은 베나이퍼 코트왈이에요. 페르시아어로 '아름다운 눈'이라는 뜻인데, 이름대로 눈이 무척 아름다웠죠. 그녀는 나를 보자 지갑에서 조로아스터의 그림을 꺼내 보여 주며 이렇게 말했어요.

조로아스터교 경전인
아베스타 ©김나미

"니체의 책『자라투스트라는 이렇게 말했다』에 나오는 주인공이 바로 조로아스터예요. 자라투스트라는 페르시아 본래 이름이지요. 세계 종교 역사에 조로아스터가 없었다면 아마 세계의 종교 판도가 지금 같지 않았을 거예요."

역시 그녀는 세계 종교에 조로아스터교가 미친 영향을 자랑스럽게 말했어요. 이어서 그녀는 조로아스터교인이 왜 인도 북부에 모여 살게 되었는지 설명해 주었어요.

"7~8세기에 이슬람의 지배를 받게 된 페르시아에서 이슬람교로 개종할 것을 권유당하자, 조로아스터교인들이 자신의 종교를 지키기 위해 인도로 넘어왔어요. 인도 국경에 도착해서 입국을 허락해 달라고 간절히 요청했지만, 인도 왕은 사신을 통해 우유 한 통을 보내며 거절했어요. 그러자 무리를 이끄는 장군이 우유 통에 설탕을 잔뜩 넣어 왕에게

베나이퍼 코트왈 ©김나미

되돌려 보내며, "우유에 설탕이 살며시 녹아들듯 조용히 융화되어 살겠다."고 했어요. 그 말에 감동한 인도 왕이 마침내 입국을 허락했대요."

불의 사원을 그린 그림 가운데 불의 사원이 있고, 오른쪽에 조로아스터가 있으며, 왼쪽에 손에 활을 든 다리우스 대왕이 있다. 조로아스터와 다리우스 대왕 위에 아후라 마즈다 신이 있다.

그렇게 조로아스터교인은 평화롭게 인도 땅에 정착했다고 해요. 오늘날까지 인도 북부에 조로아스터교인 20만 명이 모여 '작은 페르시아'를 이룩해 독자적으로 살고 있어요. 이를 보면 그들이 우유에 설탕이 녹듯이 인도에 녹아들지는 않았나 봐요. 그녀는 또 신비로운 '불의 사원'에 대해서도 설명해 주었어요.

"조로아스터가 불의 사원을 처음 세웠어요. 이 곳의 불은 16개의 직업에 속한 사람들이 채취한 불을 합친 후 의례를 거쳐 정화한 것이에요. 이것은 다른 종교인에게 절대 보이면 안 되는 신성한 불이지요. 이 불은 한 번도 꺼진 적이 없이 페르시아에서 인도로 건너왔고, 이후 1300여 년이 지난 지금까지 계속 타오르고 있답니다."

조로아스터교인은 누구나 창시자 조로아스터의 그림을 갖고 다니며, 날마다 촛불을 켜고 경전을 본다고 해요. 조로아스터교인을 직접 만나 보니, 책으로만 알던 조로아스터교가 아닌 살아 있는 조로아스터를 만나는 느낌이었어요. 또한 조로아스터교에 대해 더 많은 것을 알고 싶어졌답니다. ✽

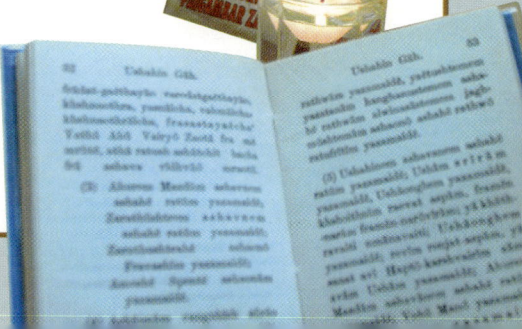

지혜를 밝혀 주는 불 조로아스터교의 경전인 아베스타를 볼 때는 반드시 불을 곁에 두고 읽어야 한다. ⓒ김나미

2

이스라엘의 민족 종교, 유대교

세계적으로 가장 신자가 많은 기독교를 살펴보기 전에 반드시 알아야 할 중요한 종교가 바로 유대교예요. 유대교는 유대인들이 믿는 종교예요. 그러나 유대교는 유대인의 범위를 넘어 서양 역사에 커다란 영향을 끼쳤어요. 무엇보다 유대교가 기독교의 바탕이 되었기 때문에 중요하지요. 그리고 놀라운 사실은, 유대교가 기독교뿐만 아니라 이슬람교에도 영향을 주었다는 거예요. 그러므로 기독교와 이슬람교를 알기 위해서라도 유대교를 이해하는 것은 필수라고 할 수 있어요. 그뿐만 아니라 유대교와 이스라엘의 역사는 종교의 본질에 대해 우리에게 많은 것을 생각하게 한답니다.

이스라엘의 시조 아브라함, 이스라엘의 민족 지도자 모세

유대교는 이스라엘 민족의 고유 종교예요. 유대교는 천지를 창조한 창조주이자 유일한 신인 '야훼'를 믿지요. 야훼는 '여호와'로도 발음해요. 야훼는 특별히 이스라엘 민족을 선택하고 그들에게 십계명과 율법을 주었어요. 야훼에게서 십계명과 율법을 받은 사람이 바로 모세예요. 또 야훼는 유대 민족에게 율법을 지키면 축복해 주겠다고 약속을 했어요. 당시 중동에서는 여러 신을 섬기고 있었는데, 야훼는 오직 자신만을 신으로 인정하고 다른 신을 섬기지 않아야 한다는 조건을 달았어요. 그래서 십계명의 첫 번

미켈란젤로의 〈천지창조〉 중 창조주 야훼

째가 "나 이외의 다른 신을 섬기지 말라."가 되었지요. 십계명의 처음 네 가지 계명은 신에 대한 인간의 의무이고, 다음 여섯 가지 계명은 타인에 대한 의무를 규정한 것이에요.

구약 성경에 나오는 사람들은 수없이 많지만 가장 중요한 인물이 아브라함이에요. 야훼는 아브라함에게 고향 메소포타미아를 떠나라고 했지요. 그렇게 하면 가나안 땅을 그와 그의 후손들에게 주겠다고 했어요. 가나안은 오늘날 팔레스타인 지방이에요. 아브라함은 그 명을 따라 광야로 떠났어요. 이렇게 해서 아브라함과 그의 아들 이삭에게서 이스라엘의 역사가 시작되죠.

재미있는 것은 아브라함에게서 아랍의 역사도 시작된다는 것이에요. 그에게는 부인 사라가 있었지만, 아이를 못 낳아서 하녀 하갈을 시켜 아이를 갖게 했어요. 그래서 태어난 아기가 이스마엘이죠. 그런데 부인 사라가 임신을 하게 되자, 하갈과 이스마엘을 사막으로 쫓아내 버렸어요. 여기서 이스마엘을 시조로 한 아랍 민족이 시작되었죠. 모두 구약 성경에 나오는 이야기인데, 이슬람에서도 아브라함을 조상으로 하는 것은 이런 역사 때문이랍니다.

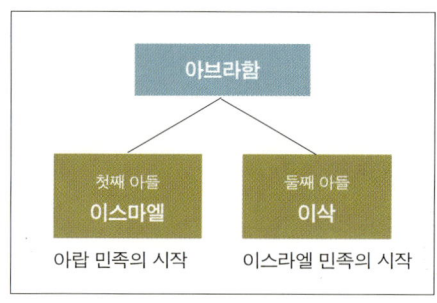

아랍과 이스라엘 민족의 시조인 아브라함

구약 성경에는 이집트와 관련된 이야기도 많아요. 이는 이집트가 아브라함의 후손이 가서 살았던 곳이기 때문이에요. 본래 가나안 땅에서 살던 이스라엘 민족이 극심한 가뭄으로 고향을 떠나 이집트로 가서 살았거든요. 그런데 이들은 소수 민족이다 보니 노예가 되었고 강제 노역으로 심한 고난을 겪었어요. 이때 이스라엘 민족을 구해 줄 지도자 모세가 출현해요. 모세는 야훼에게서 계시를 듣게 되는데, 그 명령이 바로 가나안 땅으로 돌아가라는 것이었어요.

　노예로 살던 이스라엘 사람들이 계시를 받은 모세를 따라 홍해를 건너 탈출하게 된다는 이야기를 들어 본 적이 있을 거예요. 앞은 홍해가 가로막고 있고 뒤에는 이집트 군대가 따라오는데 바다가 갈라지는 기적이 벌어지죠. 그래서 이집트 군대를 따돌리고 이집트를 탈출할 수 있게 되었어요. 이를 '모세의 기적'이라고 하지요. 이 일은 노예로 살던 이스라엘 사람들이 자유로운 민족으로 해방된 감격적인 사건이에요. 그래서 이 일을 기념하여 유월절이란 축일을 만들었고, 오늘날에도 여전히 유대인에게 중요한 날로 기념되고 있지요. 이것이 역사적인 사실이든 아니든, 중요한 것은 그것이 유대인에게 새로운 자의식을 심어 주었고, 또 그들의 종교 의식에서 절대적인 의미를 차지한다는 점이지요.

미켈란젤로의 〈모세〉
모세는 이스라엘 민족의
정체성을 대표하는 인
물이다.

63

이집트를 탈출해 해방된 민족이 된 이스라엘은 다윗 왕과 솔로몬 왕이 통치하던 시절에 최고의 번영을 누려요. 다윗 왕이 통치하던 시절에 예루살렘이 이스라엘의 수도가 되지요. 그러나 번영과 영광도 잠시였죠. 솔로몬 왕 이후에는 이스라엘 왕국이 남북으로 갈라져요. 북쪽 이스라엘 왕국과 남쪽 유대 왕국으로 말이죠. 북쪽 이스라엘 왕국은 기원전 722년에 아시리아에 멸망당하고, 이스라엘 민족은 아시리아의 분산 정책에 따라 모두 뿔뿔이 흩어지게 돼요. 이렇게 북쪽 이스라엘은 사라지고 남쪽 유대 왕국만 남게 되자, 그때부터 아브라함의 자손을 유대인이라 이르게 되었죠.

그 후 남쪽 유대 왕국도 기원전 586년에 신(新)바빌로니아에 점령당하고 말아요. 이때 많은 유대인들이 바빌론에 포로로 잡혀 갔는데, 이를 '바빌론 유수'라 하죠. 그런데 '인간지사 새옹지마'라 했던가요? 타향

공물을 바치는 유대인 아시리아의 왕에게 절을 하며 공물을 바치는 유대인의 모습이다. 오른쪽 위에 유대교의 상징인 다윗의 별이 보인다. 북쪽 이스라엘 왕국은 아시리아에 멸망당한다.

살이를 하던 유대인들에게 새로운 일이 벌어져요. 페르시아가 바빌로니아를 점령한 것이지요.

페르시아는 유대인을 해방시키고 고향으로 돌아가도록 허락했어요. 그래서 일부 유대인이 예루살렘으로 돌아가게 되었지요. 바빌론의 유대인 포로 가운데 3분의 1이 유대 땅으로 돌아왔고, 나

머지는 모두 세계 곳곳으로 흩어졌는데 이것을 '디아스포라'(이스라엘 사람들의 흩어짐)라고 해요. 그 후 1948년 이스라엘이라는 나라가 다시 세워지기까지 이스라엘 민족은 2000년 동안 나라 없이 이곳저곳에서 살게 되지요.

고향으로 돌아온 일부 유대인들은 기원전 515년 다리우스 1세의 지원으로 예루살렘 도시와 성전을 재건했어요. 이때 본격적으로 경전이 정리돼요. 모세의 율법을 기본으로 구전으로 내려오던 것들을 모아 체계를 정비했지요. 이렇게 본격적으로 경전을 정비한 데에는 조로아스터교의 영향이 컸답니다. 그들은 조로아스터교에 자극을 받아 조로아스터교의 많은 개념을 유대교 신앙에 도입했죠. 말하자면 종말론, 최후의 심판, 선과 악의 대결, 부활, 천국과 지옥, 천사의 개념 등을 유대교 교리에 포함시키게 되었어요. 이것이 중요한 이유는 유대교의 이런 전통이 뒤에 기독교와 이슬람교의 전통으로 이어지기 때문이에요.

그리하여 기원전 5세기 후반에 드디어 구약 성경이 모습을 갖추게 돼요. 이렇게 해서 유대인은 모세의 율법을 생활의 신조로 삼고 율법을 중심으로 한 공동체로 거듭나게 되었어요. 오늘날 유대교의 원형이 갖추어진 것이지요.

구약 성경은 이스라엘 민족의 대서사시라고 할 수 있어요. 앞에서 본 이스라엘 민족의 노예 생활, 쫓김과 방랑 등이 그 배경을 이루고 있지요. 이런 이스라엘의 역사는 기나긴 수난의 역사라고 할 수 있어요. 이스라엘 민족은 어떻게 그 수많은 고난을 견디며 자신들의 정체성을 유지할 수 있었을까요? 유대교에는 메시아가 와서 지상 낙원을 건설한다는 강한 믿음이 있는데, 그런 믿음 때문에 고난을 이겨 낼 수 있었을 거예요. 유대교 예언자 이사야는 지상 낙원에 대해 이렇게 아름답게 쓰고 있어요.

그때에 이리가 어린 양과 함께 머물며, 표범이 어린 염소와 함께 누우며, 송아지와 어린 사자와 살찐 짐승이 함께 있어 어린아이에게 끌리며, 암소와 곰이 함께 먹으며, 그것들의 새끼가 함께 엎드리며, 사자가 소처럼 풀을 먹을 것이며, 젖 먹는 아이가 독사와 장난하며, 젖 뗀 어린아이가 독사의 굴에 손을 넣을 것이다. 나의 거룩한 산 모든 곳에서 다치지도 않고 상하지도 않을 것이니, 이는 물이 바다를 덮음같이 야훼를 아는 지식이 세상에 충만할 것이니라.

아마 유대인들은 이토록 아름다운 세상에 대한 믿음을 가지고 온갖 고난을 견디며 살아올 수 있었나 봅니다.

유대교는 계율 종교

유대교의 가장 큰 특징은 '유대인의 민족 종교'라는 점과 '계율 종교'라는 거예요. 유대교는 모세가 야훼에게서 받은 율법을 기초로 하고, 바빌론 유수 이후 조로아스터교에서 영향을 받아 교리를 정립한 유대인의 민족 종교지요. 유대교에서는 구약 성경 중 창세기, 출애굽기, 레위기, 민수기, 신명기, 이 다섯 장을 특히 중요하게 여겨요. 유대인들은 이를 모세가 야훼에게서 계시를 받아 적었다고 여겨 '모세 5경' 또는 '토라'라

● 이스라엘의 시조 아브라함, 신에게 선택받음

● 이스라엘 민족 가나안(팔레스타인) 땅에 정착

● 극심한 가뭄으로 이주, 당시 풍족했던 이집트에 정착

● 시간이 지나면서 노예가 되어 강제 노역에 시달림

● 모세가 신의 계시를 받아 이스라엘 백성을 이끌고 이집트를 탈출

기원전 **11~12**세기 ● 다시 가나안 땅에 정착하여 다윗과 솔로몬 통치 시절 전성기를 누림

기원전 **950**년경 ● 솔로몬 사후 남북으로 갈라짐

기원전 **722**년 ● 북쪽 이스라엘 왕국이 아시리아에 멸망당함
유대인들이 세계 여러 곳으로 흩어짐

기원전 **586**년 ● 남쪽 유대 왕국이 신바빌로니아에 멸망당함
유대인이 포로가 되어 바빌론으로 강제 이주됨(바빌론 유수)

기원전 **539**년 ● 페르시아에 의해 바빌로니아 멸망
일부 유대인들이 다시 가나안 땅으로 돌아옴
나머지는 세계 곳곳으로 흩어짐(디아스포라)

● 율법을 정리하고 경전의 체계를 정비함으로써
오늘날 유대교의 원형이 갖추어짐

구약 성경이 성립되기까지 이스라엘의 역사

메노라 촛대 유대인들이 신성시하는 메노라
촛대다. 촛대가 일곱 갈래인 것은 7일간의 천
지창조를 뜻한다. ⓒ김나미

렘브란트의 〈십계명 판을 든 모세〉 "야훼 이외의 다른 신을 섬기지 말라.", "살인하지 말라.", "간음하지 말라." 등의 내용이 담긴 십계명은 유대인에게 기본 생활 규범이다.

고 해요. 모세 5경은 갖가지 율법이 들어 있기 때문에 '율법서'라고도 하지요.

유대인은 이 모세 5경에 쓰인 율법을 지키는 것을 매우 중요하게 생각해요. 율법에는 유대인 생활의 모든 것이 세세하게 규정되어 있어요. 할례를 받고, 안식일을 지키고, 단식을 하고, 유월절 같은 기념일을 잘 지키는 것과 같은 내용이지요. 음식에 관한 규정도 포함되는데 매우 복잡하고 까다롭답니다. 청정하고 깨끗한 음식을 먹는 법과 그것을 깨끗하게 준비하는 법에 대해 정해져 있지요. 짐승은 되새김질을 하는 것만 먹을수 있고, 생선은 지느러미와 비늘이 있는 것만을 먹을 수 있어요.

유대교에는 이러한 계율이 613개나 된다고 해요. 삶의 모든 면을 규정하는 율법은 유대인들에게 단순히 인간의 의무 사항을 넘어 신이 내려준 권위를 지니고 있어요. 이처럼 지켜야 할 조항이 많은 종교를 '계율 종교'라고 한답니다.

유대교와 기독교의 차이점

오늘날의 기독교를 있게 한 장본인인 예수는 유대인으로 태어났고 유대교 회당에도 다녔어요. 당시는 유대인들이 로마의 지배를 받고 있던 때예요. 유대인들은 암담하고 비참한 상태였죠. 그런 유대인들 사이에는 메시아가 나타나 자신들을 로마의 지배에서 벗어나게 해 줄 거라 믿는 메시아주의가 한껏 차 있었어요. 이런 상황에서 여러 사람들이 스스로 메시아라고 주장하며 나서기도 했죠.

유대인으로서 예수는 구약 성경의 내용에 대해서 잘 알고 있었어요. 하지만 율법을 지키는 것보다 사랑을 실천하라고 강조했어요. 이러한 예수의 가르침은 이른바 정통 유대교의 입장에서 보면 이단이에요. 그러나 종교의 역사를 보면 한 종교 안에서 개혁이 일어나 파가 나뉘어 새 종교가 창시되기도 합니다. 예수에 의해 창시된 기독교가 대표적이죠. 예수 당시에는 율법학자들이 권세를 누리고 있었는데 이들은 율법의 자구 해석에 매달려 선을 제대로 실천하지 않았어요. 예수는 '하라, 하지 말라'는 율법을 지키는 것보다 참으로 사랑을 베푸는 것이 더 중요하다고 생각했어요. 예수의 이러한 혁신은 기독교가 유대교의 한 종파로 머물지 않고 독립적인 종교로 설 수 있는 힘이 되었지요.

그렇지만 유대교에서는 예수를 메시아로 인정하지 않아요. 예수의 말씀을 기록한 신약 성경도 믿지 않지요. 유대인 가운데는 기독교로 개종한 사람도 있지만, 유대인들은 여전히 예수는 구세주가 아니라며 언젠가 구세주 메시아가 와서 지상 낙원을 이루어 줄 것이라 굳게 믿고 있어요. 유대교 쪽에서 보자면 기독교는 유대교에서 일어난 급진적인 성격을 가진 개혁이자 이단이었죠. 그래서 유대교와 기독교는 묘한 관계로 지속되어 왔지만, 지금은 무척 좋은 사이로 지내고 있답니다.

유대교 국가, 이스라엘

이스라엘 민족은 수난의 역사를 겪으며 살아온 민족이에요. 왕국이 멸망한 뒤 유대인들은 세계 여러 곳으로 흩어져 살았지만, 정신적인 지주가 되어 준 야훼에 대한 믿음으로 정체성을 유지할 수 있었지요. 유대인은 어디에 살아도 전통을 중시하고 단결을 잘했는데, 그래서 박해를 받기도 했어요.

마침내 1940년대 독일에서 유대인을 증오하는 집단행동이 나타났어요. 유대인을 제거하자는 목소리가 높아졌지요. 히틀러와 나치는 세계 패권을 잡으려고 전쟁을 일으켰을 뿐 아니라 유대인들을 집단 학살했어요. 아우슈비츠 수용소에서 600만 명이나 되는 유대인이 죽었다고 해요. 이는 세계 역사에서 가장 잔인한 인종 말살 기록으로 남아 있답니다.

이러한 집단 학살은 이스라엘 민족을 더욱 단결시켜 시오니즘을 불러 왔어요. 시오니즘이란 '시온으로 돌아가자'는 민족주의 운동이에요. 다시 말해 영광스러운 이스라엘 땅에 다시 유대 국가를 건설하자는 것이지요. 시온은 성경에서 예루살렘을 가리키는 이름 가운데 하나예요. 이 운동이 결실을 보아 1948년에 이스라엘이 건국되면서 세계 곳곳에 흩어져 살던 유대인들이 차례차례 귀환하기 시작했어요. 유대인들은 2000년 만에 조상이 살던 땅으로 돌아와 살게 되었죠.

시온주의의 창시자 헤르츨
유대인을 보호할 유일한 방법은 유대인의 국가를 세우는 것이라고 주장했다.

그렇지만 그곳 팔레스타인에는 오랫동안 아랍인들이 살고 있었어요. 유대인들이 들어오자 아랍인들은 이집트, 요르단, 시리아, 이라크, 레바논으로 쫓겨나게 되었죠. 이 때문에 이스라엘과 팔레스타인 난민들이 영토 분쟁을 하고 자주 충돌하게 되었어요. 그러나 이스라엘 사람들은 야훼가 약속한 대로 땅을 되찾은 것뿐이라고 주장하지요. 현재 팔레스타인 난민들은 땅을 빼앗긴 채 계속 저항하고 있어요. 이곳에서는 분노의 악순환이 계속되고, 평화의 길은 아득하기만 해요.

한국에 사는 랍비,
브레트 옥스만

서울 용산 미군 기지 안에는 유대교 회당이 있어요. 미군기지에 유대교 회당이 있는 것은 해외에 있는 미군 중에 유대인이 많기 때문이에요. 유대인들은 매주 금요일 저녁 회당에 모여 예배를 올려요. 모세 5경을 모시고, 예배를 볼 때에는 히브리어를 쓰죠. 이곳에는 랍비도 한 분 있어요. 브레트 옥스만은 미국 공군이자 한국 땅에 있는 유일한 랍비예요. 그는 한국에 사는 유대인들에게 정신적 지주이기도 하죠.

그는 천지를 창조한 조물주인 야훼를 믿고, 야훼가 아브라함을 통해 유대인을 선택했으며, 모세에게

랍비 브레트 옥스만 ⓒ김나미

구약을 주었다는 것을 철저하게 믿어요. 이것은 유대교의 기본 신앙이지요. 그런데 그가 믿는 유대교의 하나님과 기독교의 하나님은 다른 걸까요? 그는 나에게 기독교와 유대교의 차이점을 강조했어요.

율법서 두루마리

"야훼 하나님은 전지전능하세요. 우리의 야훼가 기독교의 하나님과 같다고 할 수 없지요. 유대교가 기독교와 확실히 다른 점이라면, 우리는 예수를 구세주나 하나님의 아들로 인정하지 않는다는 거예요. 하나님에게 왜 아들이 필요한가요? 머지않아 우리가 기다리는 메시아가 와서 지상 낙원을 이뤄 줄 거예요."

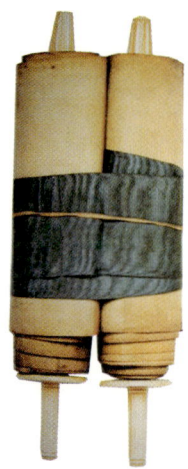

역시 유대인은 예수를 메시아로 인정하지 않았어요. 그러나 기독교인들이 보기에 유대교는 이미 오신 구세주

유대교의 예배 모습 회당 가운데에 막을 쳐서 남자와 여자의 자리를 구분한다. ⓒ김나미

인 예수를 알아보지 못하고 다른 메시아를 기다리는 종교일 테죠. 이에 대해 그는 뭐라고 할까요?

"그동안 인류를 구원하겠다며 구세주를 자청한 사람은 많았어요. 그리고 지상 낙원은 아직도 오지 않았죠. 메시아는 곧 올 거예요. 이미 세상은 메시아 가 올 시기로 접어들었거든요. 야훼 하나님이 말했고, 모세는 그것을 히브리 어로 적었고, 우리는 그것을 믿습니다."

그는 단호히 말했고, 그의 믿음은 투철했어요. 그들에게 신약 성경은 '남의 말'일 뿐이죠. 그는 자신이 유대인이라는 게 자랑스럽다고 해요. 야훼가 선택 한 민족이니까요. 그의 말을 들어 보면, 어지러운 세상에서 지상 낙원이 이루 어질 거라는 희망이 여전히 유대인들의 정체성을 유지해 주는 것 같아요. 그 런데 그들이 고대하는 메시아는 언제 오는 걸까요? ✻

3

사랑의 종교, 천주교

기독교는 오늘날 세계에서 가장 큰 종교이자 사회에 강한 영향력을 끼치는 종교예요. 기독이란 '그리스도'를 한자로 표현한 말로 구원자 예수를 가리켜요. 그러니까 기독교는 그리스도를 믿는 종교라는 뜻이에요. 그런데 같이 예수를 믿긴 해도, 견해 차이에 따라 여러 파로 나뉘었어요. 기독교의 3대 교파는 천주교, 정교회, 개신교예요. 때로 성공회를 포함시켜 4대 교파라고 하기도 해요. 천주교는 가톨릭이라고도 하고, 개신교는 프로테스탄트라고도 해요.

11세기에 기독교는 동방 교회와 서방 교회로 나뉘면서 첫 분열이 일어났어요. 이때 로마를 중심으로 한 가톨릭과, 예루살렘·안티오키아(고대 시리아의 수도)·알렉산드리아·콘스탄티노플 4개 지역을 관할하는 정교회로 나뉘게 되었지요. 이들이 나뉜 이유는 주로 문화적인 차이였는데, 교리 차이도 있어요. 특히 동방 정교회는 조각상에 대한 예배를 우상숭배라 하여 허용하지 않지요. 그리고 성직자에게 일률적으로 독신 생활을 의무화하지 않으며, 교황이 오류를 범하지 않는다는 생각을 받아들이지 않아요. 동방 정교회는 서방 가톨릭에 비해 명상적이고 신비주의적이며 정적인 것이 특징이에요. 정교회는 문화적인 차이로 그리스 정교회와 러시아 정교회로 다시 구분하지요.

개신교는 16세기에 마르틴 루터의 종교개혁이 일어나면서 나왔어요. 그리고 영국에서 로마 가톨릭과 결별한 뒤 독자적으로 발전한 성공회도 기독교의 한 가지예요. 성공회는 천주교의 장점과 개신교의 장점을 두루 갖추었다고 평가 받지요. 이렇게 기독교는 파가 갈려 나오면서 지금의 몇몇 교파로 나뉘게 되었답니다.

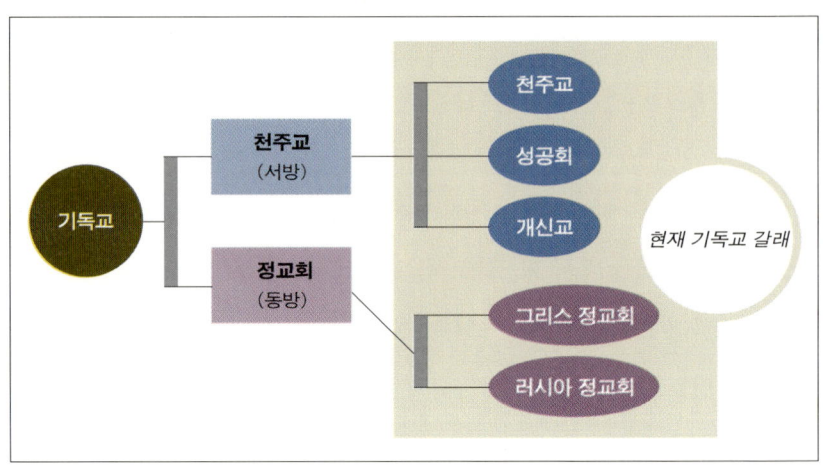

기독교의 갈래

비천한 자들에게 사랑의 하나님을 전한 예수

오늘날의 기독교를 있게 한 장본인은 예수예요. 예수는 갈릴리 지방에서 태어나 그곳에서 대부분의 생애를 보냈어요. 갈릴리는 가난한 서민, 하층민이 많이 모여 사는 지역이었죠. 갈릴리 호수가 있어 이곳엔 어부도 많았을 거예요.

예수가 살던 시기는 이스라엘이 로마의 통치를 받던 때예요. 당시 로마는 세계에서 가장 넓은 영토를 가진 대제국이었고, 부귀와 영광이 넘쳐났죠. 그러나 언제나 그렇듯이 부귀와 영광 뒤에는 억압받는 사람들이 있게 마련이에요. 예수는 이들에게 다가갔어요. 그리고 희망을 잃어버린 사람들에게 용기를 북돋아 주었죠. 예수는 가진 것 하나 없는 자, 억눌린 자, 버림받은 자, 병든 자, 범죄자, 노숙자와 같이 삶이 슬프고 괴로운 사람들에게 복음을 전했어요. 루가복음 6장 20~21절, 27~28절은 예수의 말씀을 이렇게 전하고 있어요.

너희 가난한 사람은 복이 있다. 하나님의 나라가 너희의 것이다.

너희 지금 굶주리는 사람은 복이 있다. 너희가 배부르게 될 것이다.

너희 지금 슬피 우는 사람은 복이 있다. 너희가 웃게 될 것이다.

(……)

너희의 원수를 사랑하여라.

너희를 미워하는 사람들에게 잘 해 주고,

너희를 저주하는 사람을 축복하고,

너희를 모욕하는 사람을 위하여 기도하여라.

이렇게 예수는 가난하고 지위가 낮은 사람들의 마음을 달래고 그들에게 희망을 주었어요. 예수의 이러한 행위는 파격적인 일이었어요. 이는 당시 권위에 물들어 있던 유대교 지도자들과 권력자들을 불편하게 했거든요.

예수의 가르침 또한 매우 파격적이었어요. 예수는 화를 내고 벌을 주던 무서운 구약의 하나님을 용서를 베푸는 사랑의 하나님으로 전했어요. 구약에서는 "나 야훼 하나님은 질투하는 신이다." 하고 말해요. 그러나 예수가 전하는 하나님은 용서하고 한없이 베푸는 자비의 하나님이죠. 이것은 지금까지 유대교에는 없던 신선한 예언자

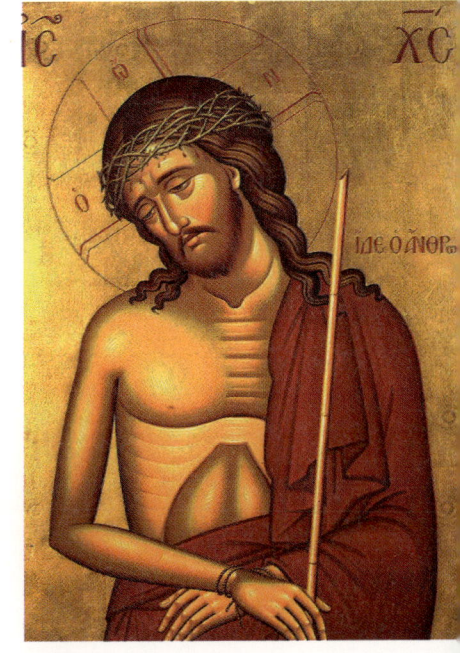

예수상

렘브란트의 〈돌아온 탕자〉
예수가 전하는 하나님은 용서하고 한없이 베
푸는 사랑의 하나님이다. 집 나갔다가 돌아온
방탕한 아들을 따뜻하게 맞이하는 아버지의
모습에서 사랑과 용서를 찾아볼 수 있다.

적 외침이었어요. 그 밖에도 하나님과 이웃에게로 '돌아섬'을 강조했던 점이 무척 새로웠죠. 예수는 이러한 혁신으로 민족 종교인 유대교를 사랑에 바탕을 둔 보편 종교로 거듭나게 했어요.

특히 예수는 당시 율법에 매여 있던 유대인들에게 자유를 주려 했어요. 예수는 "안식일이 사람을 위해 생긴 것이지, 사람이 안식일을 위해 생긴 것이 아니다."고 하며 율법을 곧이곧대로 지킬 것을 주장하는 경직된 율법학자들을 비판했어요. 대신 "너희 아버지께서 자비하신 것과 같이 너희도 자비로운 사람이 되어라." 하셨지요. 예수는 사람을 구원하는 것은 율법이 아니라 바로 '사랑'이라는 점을 말했던 거예요. 그래서 예수는 "굶주릴 때 먹을 것을 주고, 목마를 때 마실 것을 주고, 나그네 되었을 때 영접하고, 헐벗었을 때 입을 것을 주고, 병들었을 때 돌봐 주고, 감옥에 갇혔을 때 찾아 주는" 것과 같은 사랑을 사람들에게 베풀라고 하셨어요.

이렇게 사랑을 통해 계율을 극복하려는 예수의 가르침은 참으로 혁신적인 것이에요. 그것은 종교사에서 전례가 없는 혁명적인 사건이라고 할 수 있어요.

또 예수는 진정 사랑이 무엇인지 몸소 실천하여 보여 준 분이기도 하지요. "사람이 친구를 위해 자기 목숨을 버리면 이보다 더 큰 사랑이 없다."고 했던 예수는 몸소 십자가 위에서 사랑의 극치를 보여 주었어요. 이런 예수의 사랑을 아가페적인 사랑이라고 해요. '아가페'란 사랑의 하나님이 인간에게 베푸는 조건 없는 절대적인 사랑을 뜻해요.

예수는 요한에게 세례를 받고 서른 살부터 대중 앞에 나타나 복음을 전하기 시작했어요. 이로부터 십자가에서 돌아가실 때까지 3년간을 공생활이라고 해요. 그때 예수의 행적이 사람들에게 입으로 전해지면서 예수를 따르는 무리가 생기게 되었어요.

그러나 예수는 박해를 피할 수 없었지요. 특히 유대교 율법학자나 권력층에서 예수를 불편하게 여겼어요. 유대인들에게는 안식일을 지키는 것이 아주 중요한 율법인데, 예수는 안식일에도 병자를 고쳤어요. 그래서 유대인들은 예수가 율법을 어기는 행위를 했다고 비난했어요. 또 스스로 하나님의 아들이라고 하니 신성을 모독했다고 비난했지요. 유대교 쪽에서 보면 예수는 반역자였던 거예요.

결국 예수는 박해 끝에 골고다 언덕으로 끌려가 십자가 형틀에 달려 죽음을 당했어요. 십자가는 예수의 고난과 부활을 상징하지요. 예수의 수난과 부활이 있었기에 기독교와 교회의 역사가 이루어졌다고 해도 지나친 말이 아니에요.

네 명의 복음서 저자 사자는 마르코, 황소는 루가, 인간은 마태오, 독수리는 요한을 상징한다. 아헨의 『성복음집』(9세기)에 실린 그림이다.

예수의 수난과 부활 이야기는 신약 성경의 마태오복음, 마르코복음, 루가복음, 요한복음에 나와 있답니다. 이 중 마르코복음, 마태오복음, 루가복음을 묶어서 '공관(共觀) 복음서'라고 해요. 예수의

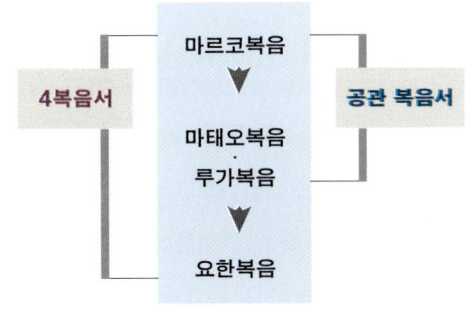

언행과 행적을 같은 구조에 비슷한 내용으로 담고 있어서 함께 대조해서 볼 수 있기 때문이에요. 그리고 공관 복음서와 요한복음을 합쳐서 '4복음서'라고 해요. 요한복음도 공관 복음서와 같이 예수의 수난과 부활의 드라마를 담고 있어요. 그렇지만 요한복음은 공관 복음서보다 훨씬 더 깊이가 있어요. 이를테면 요한복음은 복음서의 완결판이라고 할 수 있죠.

이 복음서들은 기독교 공동체 사이에서 입으로 전하던 예수에 관한 자료를 수집해서 70년에서 100년 사이에 기록한 것이에요. 맨 처음 마르코복음이 쓰였고, 그 다음 이를 기초로 마태오복음과 루가복음이, 그리고 마지막으로 요한복음이 쓰였지요.

참고로 예수의 감동적인 삶에 대해 더 알고 싶으면 영화 〈패션 오브 크라이스트〉를 봐도 좋을 거예요. 열성 기독교인인 멜 깁슨이 연출한 이 영화는 예수께서 십자가에서 돌아가시기 전 지상에서의 마지막 12시간을 4복음서의 내용을 바탕으로 만든 것이지요. 예수가 체포되는 것부터 신성 모독죄로 단죄되고 채찍으로 맞으며 마침내 십자가 위에서 죽는 모습까지 생생히 그렸답니다.

불교가 '수행' 중심의 종교라면, 기독교는 '신앙' 중심의 종교라고 할 수 있어요. 다시 말해, 불교가 깨달음을 위해 수행하는 종교라면, 기독교는 예수를 믿는 종교지요. 그런데 예수를 믿는다는 것은 무엇일까요? 예수를 믿는다는 것은 예수의 가르침이 담긴 말씀을 믿는다는 것이에요. 그리고 예수의 말씀을 믿는다는 것은 그 말씀을 이해하고 실천한다는 것이지요. 그렇다면 예수를 믿기 위해서는 먼저 그분의 가르침을 잘 이해해야겠지요. 예수의 가르침 중 가장 중요한 것은 바로 다음과 같은 가르침이에요.

누구든 나를 따라오려거든, 자기를 부인하고 제 십자가를 지고 나를 따라오라. 누구든 제 목숨을 구하려고 하는 자는 잃을 것이요, 누구든 나를 위해 제 목숨을 잃는 자는 찾을 것이다.

마태오복음 16장 24~25절이에요. 예수는 자신을 따르려면, 곧 예수를 믿으려거든, 무엇보다 자기를 버리라고 합니다. 자기를 버리는 것, 이는 많은 종교의 공통된 가르침이기도 해요. 자기를 버린다는 것을 기독교식으로 말하면, 십자가를 지는 것이에요. 허상인 자아를 십자가에 못 박아 버리는 거죠. 그럼으로써 새롭게 태어나는 거예요. 그렇게 되면 내가 사는 것이 아니라, 예수가 내 안에 살게 되죠. 예수는 그것이야말로 진정 자신을 믿고 따르는 것이라고 했어요.

예수가 가장 강조했던 것이 사랑의 실천이죠. 사랑은 어떻게 하면 실

뒤러의 〈십자가에 못 박히는 예수〉
자신의 목숨마저 아무런 조건 없이 내
주는 사랑의 극치를 보여 준 십자가 사
건이야말로 기독교 정신의 절정이다.

천할 수 있을까요? 내게 욕심이 있다면 사랑을 실천할 수 없겠죠. 사랑은 바로 '나', '내 것', '내 욕심'을 버릴 때 가능한 일이랍니다. 자기를 십자가에 못 박아 버리고 새롭게 태어난다면, 가장 큰 사랑을 실천할 수 있게 될 거예요.

우리가 다음에 살펴볼 바울로 또한 이런 말을 했어요. "나는 그리스도와 함께 십자가에 못 박혔습니다. 이제는 내가 사는 것이 아니라 그리스도께서 내 안에 사시는 것입니다." 그는 자신을 비웠어요. 그래서 자신의 허상을 십자가에 못 박아 버리고 참종교인이 될 수 있었답니다.

기독교를 세계 종교로 만든 일등 공신, 바울로

초기 기독교 역사에 바울로란 인물이 무척 중요해요. 예수의 바로 제자는 아니었으나, 기독교가 오늘날의 기독교가 되는 데 가장 큰 역할을 한 사람이거든요. 바울로는 원래 예수를 따르는 사람들을 박해하던 유대인이었어요. 그런데 다마스쿠스로 가는 길에 갑자기 시력을 잃게 되었고, 이때 홀연히 하늘에서 전하는 소리를 들었죠. 그래서 잘못을 뉘우치고 회개했어요. 그는 이 일로 자신의 이름을 사울에서 바울로로 바꾸고 새사람이 되었지요.

바울로는 예수의 복음을 전하기 위해 지중해 곳곳을 누비고 다녔어요. 기독교에 대한 박해가 심한 시절이었기에 온갖 고초를 겪었지요. 그래도 그는 굴하지 않고 시리아, 터키, 그리스 같은 곳에서 전도 활동을 벌였고, 그 결과 기독교가 곳곳에 뿌리를 내리게 되었죠.

특히 바울로는 50년에서 60년 사이에 소아시아 지역 곳곳에 복음과

바울로의 초상 예수 사후에 종교로서 기독교가 탄생할 수 있었던 것은 바울로 덕분이라고 할 수 있다.

자신이 체험한 그리스도를 전하는 편지를 보냈는데, 이는 오늘날 매우 중요한 문헌이 되었어요. 이 편지들이 바로 신약 성경에 실려 오늘날까지 전해지고 있지요. 에베소서, 고린도서, 빌립보서, 갈라디아서, 로마서 등이 모두 바울로의 편지예요. 바울로의 편지는 신약 성경의 반을 차지하지요. 그중에서 갈라디아서와 로마서는 바울로의 신학이 체계적으로 기술된 것으로 특히 중요하게 여겨져요.

예수 사후에 종교로서 기독교가 탄생할 수 있었던 데는 바울로의 역할이 컸어요. 바울로 덕분에 지중해 연안과 로마 제국의 통치를 받던 나라에 기독교가 널리 퍼졌죠. 그리고 기독교가 빠르게 확산된 데는 당시 로마 제국의 상황도 도움이 되었어요. 당시를 팍스 로마나(Pax Romana)라고 하는데, 이 말은 '로마의 평화'라는 뜻이에요. 기원전 1세기 말, 황제가 다스리는 정치 체제를 수립한 아우구스투스 시대부터 약 200년간 로마 제국의 곳곳에 도시가 번창하고 침입이나 전쟁이 없던 시기였지요.

로마 제국의 기독교 공인과 성경의 성립

예수가 죽은 뒤 복음은 입에서 입으로 사람들에게 전해졌어요. 그러나 추종자가 많아지고 교회가 증가함에 따라 입으로 전하던 복음을 기록할 필요성이 생기게 되었어요. 그래서 나온 것이 앞서 말한 4복음서였지요.

복음서 말고도 제자들을 통해 전해진 문헌들도 있어요. 바울로의 편지와 사도들의 편지, 중요한 교회 지도자들의 편지, 사도행전, 묵시록 같은 것이지요. 그렇게 중요한 자료들을 모아서 367년에 신약 27권이 확정돼요. 그 후 397년에 구약 39권을 합해 전체 66권을 모으게 되죠. 이렇듯 성경은 복음을 전하려는 기독교인들의 오랜 노력으로 만들어졌어요.

그리고 이렇게 성경이 확정된 데에는 로마 제국이 기독교를 공인한 영향이 컸어요. 특히 313년 로마 제국의 콘스탄티누스 황제가 밀라노 칙령을 발표해 기독교를 정식으로 인정했는데, 이는 오랫동안 계속된 기독교 탄압에 종지부를 찍은 획기적인 일이었어요. 황제의 선언이 있은 다음부터 기독교인들은 박해받지 않고 자유롭게 신앙생활을 할 수 있게 되었죠. 이후 기독교는 로마 제국의 국교가 되었어요. 당시 "모든 길은 로마로 통한다."고 할 만큼 로마 제국은 많은 영토를 식민지로 거느렸지요. 이러한 로마 제국의 지원을 받은 덕분에 기독교는 로마가 통치하는 전 지역으로 빠르게 확산될 수 있었어요.

그러나 한편으로 로마 제국의 기독교 공인은 부작용도 낳았어요. 종교가 정치와 결탁함으로써, 처음의 건강함을 잃고 경직되게 되었죠. 로마의 황제는 325년 니케아에서 종교회의를 개최한 것을 비롯해 교회 안의 분쟁 조정과 교리 논쟁에도 적극적으로 관여했어요. 이제 로마 제국에서 예수의 위상은 비천한 자들과 함께하는 것이 아니라 권력자의 자리로 옮겨 가게 되었죠. 예수는 생전에 권세와 부귀, 영광을 누리지 않았는데, 로마 제국에서 예수는 마치 로마 황제와 같은 모습으로 그려졌어요. 예수가 그렇게 지배자의 모습으로 그려진 것은 로마의 권력자들이 기독교를 통해 지배를 강화하려고 했기 때문이에요. 로마 제국의 기독교 공인을 보면서 우리는 종교가 정치에 이용당하는 것을 깊이 생각해 봐야 해요.

오늘날 대부분의 국가에서는 정치와 종교를 분리하는 '정교 분리의 원칙'을 따르고 있지요. 이것은 종교가 권력과 손잡아 부패를 저지르는 것을 막고, 정치가 종교를 이용할 수 없게 하려고 만든 장치인 것이죠.

천주교의 7가지 성스러운 예식

여러분은 혹시 성당에 가 본 적이 있나요? 성당은 교회보다 건물이 고풍스럽고 웅장하지요. 교회에서는 예배를 본다고 하지만, 성당에서는 미사를 올린다고 해요. 성당에 들어가면 성수가 있는데 손가락으로 이것을 조금 찍어서 머리와 가슴, 왼쪽, 오른쪽 순서로 십자가 성호를 그어요. 미사 중에는 의식에 따라서 "성부와 성자와 성신의 이름으로, 아멘." 한답니다. 또 성당에 가면 성모 마리아가 아기 예수를 안고 있는 조각이나 그림을 흔히 볼 수 있을 거예요. 마리아는 예수의 어머니였는데, 우리와 하나님 사이를 이

성당 입구에 있는 성수 ©김나미

아기 예수를 안고 있는 마리아상 성당에서는 교인을 맞이하는 자비로운 마리아상을 흔히 볼 수 있다. ⓒ김나미

어 준다고 해서 천주교에서는 아주
중요한 분으로 모셔요.

천주교 미사에 참석해 보면 장엄
함과 엄숙함을 느낄 수 있을 거예
요. 성스러운 예식들이 많아 그런
느낌을 주지요. 천주교에서 중요
하게 여기는 예식에 대해 알아볼
까요?

천주교에는 중요한 예식이 일곱
가지 있어요. 세례 성사, 견진 성
사, 고해 성사, 병자 성사, 혼배 성
사, 성품 성사, 성체 성사지요. 세

성체성사 신부님이 예수의 몸을 상징하는 작은
빵을 신자들에게 나눠 주고 있다. ⓒ김나미

례 성사는 영세를 받는다고도 하는데, 정식으로 천주교 신자가 되고 모
든 죄를 씻는 성사예요. 성사 때 남자는 대부, 여자는 대모를 증인으로
두어요. 견진 성사는 신앙이 깊어지고 교리를 잘 알게 된 다음 더 큰 은
총을 얻기 위해 받는 성사지요. 그리고 성품 성사는 신부가 되기 위해
받는 성사고, 혼배 성사는 성당에서 올리는 결혼식이에요. 이 성사들은
모두 일생에 한 번 하는 것이죠. 그 밖에 고해 성사는 자신의 죄를 신부
님에게 고백하는 것이고, 병자 성사는 병자를 위로하고 건강이 회복되
도록 돕는 성사예요.

마지막으로 성체 성사는 예수의 살과 피로 상징되는 작은 빵과 포도주
를 나눠 마시는 성찬식이에요. 이 의식은 예수가 십자가에 못 박혀 죽기

전, 마지막 저녁을 드시면서 제자들에게 빵과 포도주를 주고 "이것은 내 몸이니라. 이것은 내 피니라."고 한 것에서 유래되었어요.

성체를 받으려면 먼저 영세를 받아야 해요. 천주교인이 되기 위해 일정 기간 동안 교리 공부를 하고 나서 영세를 받지요. 이때 영세명이라는 천주교 이름을 따로 받는답니다.

오늘날의 천주교

천주교는 오늘날에도 여전히 옛 모습 그대로 교황을 최고의 자리에 모시고 전 세계 여러 나라에 교구를 두고 있어요. 천주교의 최고 지도자인 교황은 바티칸에 살지요. 바티칸은 이탈리아의 수도인 로마 한가운데 있는, 14만 평 정도의 작은 나라예요. 이 나라의 인구는 800여 명인데 사제나 수녀가 대부분이지요.

오늘날 천주교에 관해 가장 주목해야 할 일이 1962년에 있었어요. 교황 요한 23세가 제2차 바티칸 공의회를 소집하고 획기적인 교회 쇄신을 단행한 것이지요. 1962년부터 1965년까지 계속된 제2차 바티칸 공의회에는 추기경과 주교는 물론이고 수도회 원장, 고위 성직자, 저명한 신학자, 그리고 평신도들까지도 참가했어요. 전 세계 여러 나라가 참여해서 공의회 역사상 가장 큰 규모의 회의였어요. 이들은 기독교를 현대화하여 시대에 맞추고 기독교 신앙인들을 일치시키는 방법에 대해 많은 논의를 했답니다. 특히 천주교, 개신교, 정교회의 화해와 공존을 도모했지요.

교황 요한 23세가 소집하고 뒤이어 지속된 이 종교회의에서 합의하고

바티칸 시국의 성 베드로 성당 바티칸 시국은 세계에서 가장 작은 국가이자 천주교의 수장인 교황이 사는 곳이다. 왼쪽에 성 베드로 성당이 보이고 오른쪽으로 회랑이 보인다.

교황 요한 23세 천주교 역사상 가장 큰 변화를 이끌어 낸 제2차 바티칸 공의회를 소집했다.

공식 입장으로 채택한 내용은 천주교 신자만이 아니라 개신교 신자와 정교회 신자도 진정한 기독교인이라는 것, 교회 밖에도 구원이 있다는 것, 금서 목록을 철폐한다는 것, 힌두교와 불교를 비롯한 세계 여러 종교와 대화를 가지자는 것들이었어요. 그 밖에도 주교들의 사목 의무, 교회 일치 운동, 사제들의 사역과 생활, 사제 교육, 신앙생활, 선교 활동, 사회적 교류 방법 등에 관한 교령(교회법에 대한 질문에 교황이 답변한 문서)을 공포했어요.

제2차 바티칸 공의회는 인류에게 화해와 평화를 가져올 수 있는 교회가 되기 위해 노력을 기울인 결과였다고 할 수 있어요. 그와 함께 이것은 천주교 역사상 가장 큰 변화였다는 평을 듣고 있지요.

우리나라의 천주교

우리나라에 천주교가 들어온 지는 200년이 넘었고, 그때부터 100여 년이 지난 즈음에는 개신교 선교사들이 건너와 기독교가 한국 땅에 뿌리를 내리게 되었어요. 선교사는 예수의 말씀인 복음을 전하고자 위험을 무릅쓰고 세계로 나간 사람들이지만, 종교와 함께 문물을 전해 준 문화의 전달자이기도 해요.

지금은 천주교를 자유롭게 믿을 수 있지만 2세기 전만 해도 천주교를 믿는 사람은 심한 박해를 받았어요. 감옥에 갇히거나 고문을 받거나 사형당했지요. 하지만 아무리 박해가 심해도 굳건히 신앙을 지키다 죽은 사람들이 있는데, 이런 사람들을 순교자라고 해요.

우리나라 천주교의 역사는 김대건 신부와 같은 순교자를 낳았죠. 김대건 신부는 1845년 안드레아라는 세례명을 받고 중국 상하이 성당에서 사제 서품을 받음으로써 조선인으로서는 최초로 사제가 되었지요. 그런데 그는 귀국하여 일 년도 채 안 되어 이듬해에 체포되었고, 26세의 젊은 나이에 새남터에서 순교했지요. 1984년 5월 한국 교회 200주년 때 한국에 오신 교황 요한 바오로 2세에 의해 성인으로 품위받았어요. 현재 시신이 안장된 솔뫼는 천주교의 성지로 되어 있어요.

천주교는 세계 곳곳에서 여러 가지 복지에 관한 일을 많이 하고 있습니다. 특히 수녀들이나 선교사들이 가장 험한 곳에서 정말 이웃 사랑이 무엇인지 보여 주고 있지요. 선교사들은 복음만 전하는 것이 아니라 예수가 우리를 위해 희생하였듯 이웃을 위해 헌신하고 있지요. 우리 주변을 둘러보아도 천주교에서 직접 양로원과 고아원 같은 복지 시설을 운영하는 곳이 참 많습니다. 나는 경로 수녀원에서 무의탁 노인을 돌보는 한 수녀의 헌신적인 모습에 눈물을 흘린 적도 있답니다.

4

예수의 가르침으로
다시 돌아가고자 한 개신교

종교는 외부의 영향을 받거나, 아니면 자체적으로 개혁이 일어나 새롭게 태어나곤 합니다. 유대교의 개혁으로 기독교가 나왔고, 또다시 개혁이 일어나 개신교가 나왔지요.

천주교는 바티칸 교황청에서 나라마다 교구를 두고 관장하므로 통합되어 있지만, 개신교는 그런 통제 기구가 없다 보니 교파가 계속 나뉘었어요. 개신교의 첫 교파는 칼뱅에서 시작된 장로교였어요. 곧이어 재세례파, 청교도, 감리교, 침례교, 퀘이커교 같은 여러 교파로 나뉘었지요. 그중 장로교가 외국뿐 아니라 우리나라에서도 가장 신자가 많고 역사도 길어요.

천주교처럼 개신교 선교사들도 세계 곳곳으로 나가 예수의 복음을 전해 왔지요. 지금은 천주교보다 개신교 선교사의 숫자가 더 많다고 해요. 또 신자 수에서도 세계적으로 천주교 신자보다 개신교 신자가 더 많고, 성당보다 교회가 더 많다는 통계가 나와 있어요. 여기서는 루터의 종교 개혁을 중심으로 천주교과 개신교의 분리, 천주교와 개신교의 차이점 같은 것을 알아보아요.

절대 권력을 과시한 중세 교황

기독교는 어떻게 해서 천주교와 개신교로 나뉘었을까요? 여러 원인이 있겠지만, 무엇보다 기독교가 예수의 가르침에서 멀어져 갔다는 데 본질적인 이유가 있을 거예요. 예수는 보잘것없고 소외된 자들과 함께하며 그들에게 복음을 전했는데, 나중에 기독교는 힘센 권력 집단이 되어 초기 교회의 건강함을 잃어버리고 말았지요. 로마가 기독교를 공인한 뒤 유럽 곳곳에 교회와 신자가 늘며 융성해 갔지만, 그와 함께 제국의 지원을 받은 종교 지도자의 권력 또한 하늘 무서운 줄 모르게 커져 갔어요. 기독교는 시간이 지날수록 힘 있는 사람들의 권세와 부귀를 위한 종교가 되어 갔던 것이지요.

마침내 교황은 유럽에서 신의 대리자로서 막강한 힘을 지니고 정치권력마저 휘두르기에 이르렀어요. 교황은 신성 로마 제국의 황제를 옹립하거나 폐위할 수도 있게 되었지요. 제국의 황제 하인리히 4세가 자신을 파문한 교황을 찾아가 눈 속에서 무릎을 꿇고 사흘 밤낮을 빌었던 '카노사의 굴욕' 사건은 이를 잘 말해 주죠. 특히 교황 인노켄티우스 3세는 독일과 프랑스에서 자신의 의지대로 왕을 움직였고, 영국의 존 왕을 굴복시켜 영국 전체 영토를 교황에게 바치게 했으며, 불가리아·포르투갈·덴마크·헝가리 왕들을 자기 봉신으로 삼았어요. 그는 "교황은 태양이며, 황제는 그 빛을 빌려 반짝이는 달"이라며 절대 권력을 과시했죠.

카노사의 굴욕 무릎을 꿇은 하인리히 4세가 사면을 청하고 있다. 이는 교황의 막강한 권위를 잘 보여 주는 사건이다.

심지어 교황은 십자군 전쟁을 일으켜 수많은 사람들을 고통과 죽음으로 몰아넣었고, 자신의 주장에 이의를 제기하는 이들을 화형장에서 불태워 죽였으며, 마녀 재판으로 많은 여성들을 끔찍하게 처형하기도 했습니다. 상황이 이

십자군 전쟁 중세 교황의 권력은 신의 이름을 빌려 전쟁을 벌이는 죄악을 범했다. 십자군이 예루살렘을 정복하는 장면이 신의 뜻에 따른 영광스러운 일로 그려져 있다. 윌리엄 타이어의 『역사』(14세기)에 실린 그림이다.

러하니 종교개혁의 지도자 루터가 "모든 것이 멍청한 교황에 의해 흐려졌고 억압됐다."고 호되게 비판하며 교황의 권력에 정면으로 도전했던 거예요.

부패한 종교 권력에 맞서 일어난 종교개혁

교황이 절대 권력을 가지면서 권력 남용, 부정부패 따위 여러 가지 부작용이 일어났어요. 교황의 착취와 세금 징수에 하층 계급에서는 불만이 쌓여 갔지요. 그러던 중에 성 베드로 성당의 건축 자금을 마련하기 위한 면죄부 판매가 종교개혁의 방아쇠를 당겼어요. 면죄부란 금전이나 재물을 바친 사람에게 교황이 발행해 주는 증서인데, 교회에서는 이것으로 모든 죄를 용서받고 천국에 갈 수 있다고 했어요. 면죄부 판매는 천주교의 타락상을 그대로 보여 주는 사건이었지요.

루터와 개혁가들 마르틴 루터와 개혁가들이 작센의 선제후 요한 프리드리히와 함께 있는 모습이다. 맨 왼쪽이 루터다.

마침내 1517년, 독일 비텐베르크 대학의 신학 교수였던 마르틴 루터(1483~1546)는 교황청을 상대로 들고 일어났어요. 면죄부의 부당성을 지적하는 95개조 반박문을 발표한 것이죠. 그는 교황청과 성직자의 부정부패를 강하게 비판하고, 교황이 사제를 임명하고 세금을 징수하는 것에 반대했어요. 나아

라부스의 〈교황의 칙서를 불태우는 루터〉 교황이 루터를 파면하자 루터는 교황의 파면 칙서와 교회 법전들을 공개적으로 불태웠다. 왼쪽이 루터다.

가 그는 인간의 구원은 외형적으로 화려한 예배 의식에 있는 것이 아니라 내면의 신앙에 의해 이루어진다고 주장했어요. 당시 막강한 권력을 가진 교황에게 반기를 든 것은 이만저만한 용기가 아니었지요.

이에 로마 교황은 루터를 파면하고, 신성 로마 제국의 황제 카를 5세를 압박하여 루터를 범죄자로 인정하는 포고령을 내렸어요. 그러나 루터는 과감하게도 교황의 파면 칙서와 교회 법전들을 공개적으로 불태웠어요.

그리고 탄압을 피해 바르트부르크에 있는 성으로 피신했죠. 성에서 숨어 지내며 루터는 성직자만이 아니라 모든 사람이 성경을 볼 수 있도록 라틴어 성경을 독일어로 번역했어요. 그는 번역을 마친 다음 비텐베르크로 돌아와서 새로운 교회를 건설했죠.

루터는 로마 교황청과는 다른 신학 원리를 내세웠어요. 이것이 종교개혁의 시발점이고, 여기서 불붙은 개혁이 결국 개신교를 낳았던 거예요. 종교개혁 이후에도 천주교는 옛 전통 그대로 교황을 중심으로 바티칸 교황청을 본부로 하여 지속되어 나갔고, 개신교는 개신교대로 전 유럽으로 뻗어 나가며 확산되었어요.

종교개혁은 이렇게 천주교회에 만연한 부정부패를 반대하는 활동으로 시작해요. 그러나 교회의 개혁에 머무르지 않고 점차 중세를 극복하고 근대를 여는 중대한 사건으로 발전해 나가게 되지요. 교황의 권위를 인정하지 않는 급진적인 개신교의 확산으로 개인주의, 자유주의, 민주주의, 그리고 자본주의로 변화를 이끄는 바탕이 마련되었답니다.

천주교와 개신교의 차이점

개신교의 출현은 당시 중세 유럽에 커다란 개혁을 가져왔어요. 그렇다면 무엇을 개혁한 것이었을까요? 예수를 구세주 메시아로, 하나님의 아들로 받아들인 교리는 같은데 무엇이 다를까요?

개신교에서는 기존 천주교의 폐단을 바로잡았는데, 그 첫째가 예식을 간소화한 것이에요. 천주교는 세례나 성체와 같은 성사를 중시하지요. 반면 개신교는 형식보다 중요한 것은 하나님의 말씀이라고 생각해요. 그

간소한 개신교회 개신교회 예배는 천주교의 미사 예식을 간소화했다. 사진은 이대 교회의 모습이다. ©김나미

래서 예식의 절차를 간략하게 하고 목사를 통한 말씀 설교를 가장 중요하게 생각하지요. 종교개혁이 일어나기 전 천주교의 화려한 예배가 과연 예수의 가르침과 맞는 것일까요? 천주교의 장엄한 미사는 권력의 장엄함을 과시하는 것은 아니었을까요? 로마 제국이 기독교를 공인한 뒤부터 기독교는 권위화되었어요. 마르틴 루터는 이것을 비판하여 예식을 간소화하고 하나님의 말씀을 가장 중요하게 여긴 것이지요.

둘째는 교회 안에 있던 권위와 위계질서를 무너뜨리고 평등한 관계를 만든 것이에요. 루터는 '만인 제사장'이라는 개혁적인 생각을 내놓았는데, 그것은 기존 천주교에서 성직자에게만 주어진 특권을 없애려는 조치

브뤼겔의 〈세례자 요한의 설교〉
개신교 설교사들은 세례자 요한처럼 야외에서 새로운 교의를 전파하면서 돌아다녔다. 이 그림은 종교개혁 당시 개신교가 새로운 교의를 전파하는 모습을 비유하고 있다. 이는 개신교가 초기 기독교의 정신으로 다시 돌아가고자 노력한 모습을 보여 준다.

였어요. 누구나 사제가 될 수 있다는 만인 제사장 사상은 일반 신자의 위상을 높였지요. 그때까지는 종교 전문가인 성직자 계급만 예수의 말씀을 이해하고 신에게로 나아갈 수 있다고 했거든요. 그러나 루터는 소수의 성직자만이 아니라 누구든지 신에게 직접 나아갈 수 있음을 강조해 교회 안에 있던 권위와 위계질서를 무너뜨렸어요. 그럼으로써 인간은 누구나 동등하다는 평등 사상을 실현했지요.

셋째는 누구나 성경을 읽을 수 있도록 한 것이에요. 기존 천주교에서 성경은 성직자만의 전유물이었으나, 종교개혁 이후에는 누구나 직접 성경을 읽을 수 있게 되었어요. 마르틴 루터가 성경을 독일어로 번역한 뒤 성경은 다시 다른 유럽의 언어로 잇달아 번역되어 퍼져 나갔으며, 그리하여 개신교가 커질 수 있게 되었지요.

루터가 오늘날 우리에게 주는 교훈

루터의 종교개혁을 한마디로 말하자면, '예수의 말씀으로 다시 돌아가자.'는 것이었어요. 초심, 곧 처음에 먹은 마음으로 돌아가자는 것이지요. 그는 초기 기독교의 건강함을 회복하려고 했어요. 만인 제사장이라는 개혁적인 발상도 초기 기독교의 모습에서 볼 수 있었던 것이에요. 이러한 루터의 종교개혁은 한국 교회에도 암시하는 바가 큰 것 같아요.

한국에는 엄청나게 많은 교회가 있어요. 전체 교회의 숫자는 대충 6만 개나 되는 것으로 추정해요. 일요일에 교회 근처에 가면 자동차를 댈 곳을 찾기 어려울 정도로 사람들이 많아요. 또 버스 한 정거장 거리에 교회가 몇 개나 있고 부흥회 행사에 사람들이 밀려드는 것을 보면, 대한민국은 기독교 국가라는 말을 실감하게 돼요. 그런데 한국 개신교는 외형이 커진 데 비례해서 문제점도 드러내고 있어요. 갈등이 불거지거나 문제가 생기기도 하지요. 예수의 가르침으로 다시 돌아가자는 루터의 종교개혁 정신으로 오늘날 우리의 모습을 돌아보는 것도 좋을 것 같아요.

루터는 종교 간 평화와 공존을 설파한 선각자이기도 했어요. 그는 기독교가 이슬람교에 대해 전쟁을 일으키는 것을 비판했어요. 그는 "기독교인과 봉건 영주들을 부추겨 터키인들을 공격하고 전쟁을 일으켜 세상이 황폐해지도록 선동하고 도발하는 것이 심히 못마땅하다."며 전쟁을 비판했지요. 나아가 그는 기독교인이 자신과 다른 신앙을 가졌다고 해서 유대교 신자, 이슬람교 신자를 사악하고 위험한 존재로 몰아치면 안 된다고 말했어요.

"나는 기꺼이 이교도와 유대인과 터키인(이슬람교 신자)과 사교도와 밥을 먹고 물을 마시고 잠을 자고 길을 걷고 말을 타고 물건을 사고 이야기를 하고 교역을 한다. 또한 나는 그와 사돈을 맺고 그의 집에 머무를 수도 있다. 나는 그러한 것들을 금하는 바보 같은 법으로 귀의하지는 않을 것이다. 이교도는 신이 잘 빚어 놓은 남자와 여자이며 성 베드로와 성 바울로처럼 선하다. 나는 거짓되고 오만한 기독교인으로 살아가지는 않겠다."

이런 루터의 가르침은 다종교 사회인 한국에 매우 절실히 필요해 보입니다.

우리나라에 개신교가 들어온 것은 조선 시대가 끝날 무렵인 1800년대 말의 일이에요. 초기 천주교가 전해진 시기만 해도 박해가 심했지만, 개신교가 들어올 즈음엔 조금 자유로운 분위기여서 선교사들이 어렵지 않게 활동할 수 있었어요. 또 천주교 선교사들이 대부분 유럽에서 온 데 비해, 개신교 선교사들은 미국에서 많이 들어왔어요.

미국에서 들어온 선교사들은 우리나라에 교회를 세우고 복음만을 전한 것이 아니라 서양 문화의 전달자 역할도 했지요. 당시 우리나라는 과학이나 의료 기술 같은 학문 분야에서 뒤처져 있었어요. 정말 우물 안 개구리처럼 세상 밖의 일을 모르고 살던 시기였으니까요. 이때 선교사들이 학교를 세워 신식 교육을 가르치고, 또 병원을 세워 어려운 사람들을 도와주면서 선교 활동을 했어요.

1885년 미국 선교사 알렌이 세운 광혜원은 우리나라의 첫 서양식 병원이었지요. 그 밖에 아펜젤러, 언더우드 등의 선교사들이 학교와 교회를 세웠어요. 연세대학교, 배재고등학교, 이화여자고등학교 등이 이때 세워졌어요. 한국 최초의 근대식 고등 교육 기관이었지요. 이런 선교사들의 노력 덕분에 개신교는 무척 자연스럽게 우리나라에서 뿌리내리며 성장할 수 있었어요.

선교사들은 교육과 의료만이 아니라 우리나라 사람들의 문맹 퇴치에도 큰 역할을 했어요. 한글 성경을 널리 보급해서 가르쳤거든요. 일제 강점기에는 독립운동을 이끈 사람들 가운데 기독교인이 많았는데, 우리에게 자주심과 민주주의 정신을 고양시켜 주었지요. 양반과 상놈이라는 계

이화학당이 창설될 때의 모습

초창기의 세브란스 병원 개신교 선교사들은 우리나라의 근대 교육과 의료 분야에 기초를 세워 발전시키는 데 큰 공헌을 했다.

급이 무너지고, 서양 신식 문화의 영향으로 여자들도 사회에 진출할 수 있게 되었고요. 또 선교사들은 그때까지 잘 알려지지 않았던 조선이라는 나라를 해외에 알리는 역할도 했어요.

　그러나 선교사들의 활동으로 피해를 본 것도 있어요. 복음을 전파하면서 우리의 전통 문화를 미신이라고 여겨 사라지게 한 것들도 많아요. 초기 선교사들은 청교도적인 성향이 강해서 약소국가의 전통을 파괴하는 근본주의적 가르침을 심어 주었어요. 그 폐해가 오늘날까지 이어지고 있는데, 특히 다른 종교를 무시하고 내 종교만이 옳다는 독선을 지닌 개신교 근본주의는 종교 간 갈등을 낳을 뿐만 아니라 사회적 문제가 되고 있어요. 이러한 일들은 예수의 가르침인 참된 사랑에 어긋나는 것이지요.

5

신에 대한 복종,
　　　　이슬람교

기독교가 세계 종교가 되어 가고 있을 때 중동 지역에서 또 하나의 세계 종교가 태동했어요. 예수가 탄생하고 600년쯤 지난 뒤, 메카에서 예언자 무함마드가 나타나 이슬람교의 시작을 알렸지요. 이슬람교도 조로아스터와 마찬가지로 무함마드가 신의 계시를 받은 것으로 시작되었어요. 무함마드란 이름은 아랍어로 '칭송을 받는 분'이란 뜻이지요.

흔히 이슬람교를 '아랍의 종교' 또는 '사막의 종교'라고 말하는데, 이것은 서남아시아 국가가 대부분 아랍어를 쓰며 사막이 많기 때문이에요. 그렇지만 이슬람교는 서남아시아 국가뿐만 아니라 아프리카와 아시아의 다른 지역, 그리고 미국에서도 신자가 많고 중요한 종교예요. 이슬람교는 현재 12억 신도를 가진 거대 종교랍니다. 기독교 다음으로 큰 종교일 뿐 아니라, 가장 빨리 성장하는 종교이기도 해요. 그러니 더욱 이슬람교를 알아야 하겠죠?

이슬람 사원인 모스크 높은 첨탑과 돔 지붕이 특징이다.
ⓒ김나미

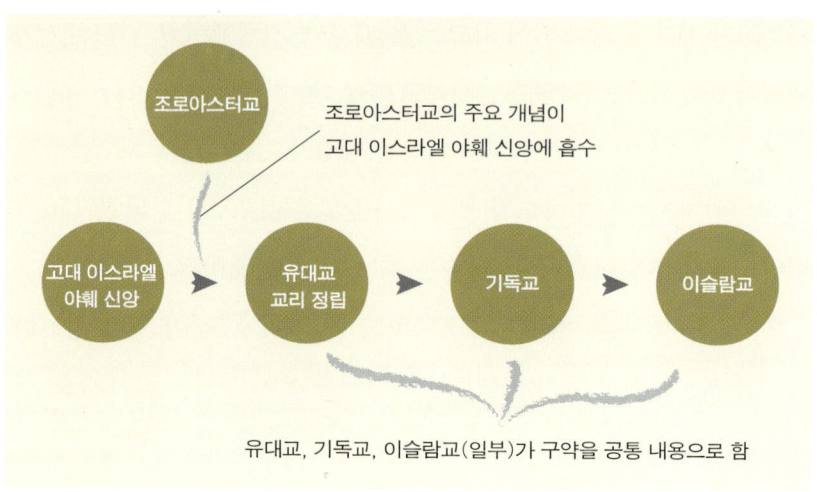

조로아스터교의 주요 개념이
고대 이스라엘 야훼 신앙에 흡수

유대교, 기독교, 이슬람교(일부)가 구약을 공통 내용으로 함

앞서 조로아스터교에 대해 알아볼 때, 조로아스터교의 교리와 사상이 유대교에 흘러 들어갔고, 이는 다시 기독교에 영향을 주었으며, 또다시 이슬람교까지 영향을 주었다고 했지요. 예컨대 유대교, 기독교, 이슬람교가 공통적으로 지닌 최후의 심판, 천국과 지옥, 천사와 악마의 개념은 조로아스터교에서 온 것이에요. 따라서 조로아스터교는 이들 종교의 종갓집이라고 할 수 있어요. 그리고 유대교는 첫 번째 분가, 기독교는 두 번째 분가, 이슬람교는 세 번째 분가라 할 수 있죠. 이들은 형제이면서, 서로 상대에게 자극받아 성장하기도 해요. 그것이 이들 종교의 역사죠.

현재 이슬람교는 유대교, 기독교와 사이가 좋지 않아요. 그러나 이들은 모두 아브라함을 조상으로 하는 한집안이에요. 야훼, 하나님, 알라(하나님의 아랍어)가 모두 이름만 다른 같은 하나님이고, 세 집이 모두 구약을 공통으로 믿는 같은 집안이라는 것을 기억한다면, 서로 좀 더 너그러워질 수 있을 거예요.

이슬람교에서는 무함마드를 신으로 받들지 않고 한 사람의 사도이자 예언자로 보아요. 또한 성경에 나오는 많은 예언자들도 중요하게 여겨요. 이는 다음과 같은 꾸란 구절에서도 알 수 있지요.

우리는 알라(하나님)를 믿으며, 우리에게 계시되고 아브라함과 이스마엘과 이삭과 야곱과 그의 자손들, 그리고 모세와 예수와 다른 예언자들에게 계시된 것을 믿는다. 우리는 그들과 아무런 차별이 없으며 알라에게 복종한다.

꾸란 3장 84절이지요. 이렇게 이슬람교는 아브라함에서 예수에 이르는 모든 예언자들을 알라의 예언자로 여겨요. 특히 노아, 아브라함, 모세, 예수, 무함마드를 가장 중요한 예언자로 여기죠. 다만, 무함마드를 가장 포괄적이고 완전하며 최종적 계시를 전한 예언자라고 봐요. 그리고

설교하는 무함마드

이슬람교는 무함마드가 최후로 완전한 계시를 전했기에 자신들이 아브라함과 모세와 예수의 종교를 올바르게 복원했다고 주장해요.

그렇다면 최종 예언자인 무함마드는 어떤 사람이었을까요? 무함마드는 570년 지금의 사우디아라비아 메카에서 태어났어요. 그는 유복자로 태어났는데, 6살 때 어머니마저 돌아가셨어요. 고아가 된 무함마드를 할아버지가 데려다 키웠죠. 그런데 3년 뒤에 할아버지마저 돌아가셨어요. 결국 무함마드는 작은아버지 집에서 가축 돌보는 일을 하며 지냈어요. 커서는 무역상들과 함께 예멘, 시리아, 팔레스타인 같은 곳을 돌아다니며 여러 종교를 알게 되었다고 해요. 25세에는 열다섯 살 연상의 여인과 결혼하지요.

무함마드는 평범한 가운데 남다른 면이 있어서 혼자 동굴에서 명상하는 것을 좋아했대요. 610년, 그의 나이 40세에 동굴에서 명상을 하는데 천사의 목소리가 들렸어요. "암송하라, 알라께서 사람들에게 계시한 것을!" 하는 소리였죠. 무함마드가 못 하겠다고 거절했는데도 명령이 되풀이되었어요. 그래서 동굴 밖으로 나왔는데, 또 "그대는 알라의 사자로다." 하는 소리가 들렸죠. 이 종교 체험은 꾸란 96장에 기록되어 있어요. 목소리의 주인은 대천사 가브리엘로 알려졌고, 그 목소리는 무함마드가 죽기 전까지 계속 들려왔답니다. 이렇게 대천사 가브리엘을 통해 전해진 알라의 말씀이 나중에 모두 기록되어 꾸란이란 경전이 되었어요.

꾸란의 한국어 번역본
ⓒ김나미

무슬림(이슬람교를 믿는 사람)은 꾸란이 예언자 무함마드를 통해 인간에게 계시된 알라의 말씀이라고 믿으므로 고귀하게 받든답니다. 구약 성경과 신약 성경이 입으로 전해지던 것을 기록한 것인 데 비해, 꾸란은 무함마드의 계시를 그대로 모았다는 점에서 세계의 어느 경전보다 권위가 높아요. 꾸란은 다른 경전과 달리 후대에 왜곡될 소지가 없었다는 거죠. 그래서 꾸란은 아랍어로만 기록하게 되어 있고, 다른 나라의 언어로 번역되는 것을 허락하지 않아요. 이는 신의 권위를 지니는 원문이 다르게 바뀌거나 첨가, 삭제되는 것을 막으려는 것이지요.

그러나 이슬람교가 해외로도 많이 전파되어 가므로 할 수 없이 번역을 하게 되는데, 거기엔 조건이 붙어요. 아랍어를 같이 싣는 거죠. 예를 들어 한국어 번역본을 보면 '성 꾸란 의미의 한국어 번역'이라 쓰여 있고, 한글 옆에 아랍어가 같이 실려 있답니다. 이슬람법에 의하면 아랍어로 된 꾸란만을 인정하고, 다른 외국어로 번역된 것은 모두 해석이라고 보아요.

이슬람 세력의 빠른 확장

아랍 지역에서는 다신교 신앙이 지배적이었어요. 그래서 무함마드가 처음 신의 계시를 전할 때는 박해를 받았죠. 당시 아랍 반도에 사는 부족들은 제가끔 숭배하는 신이 있었기 때문에 알라만이 유일한 신이라고 하는 무함마드의 말을 받아들이지 않았어요. 당시 신에 대한 믿음은 여러 부족들의 사회·정치적 정체성과 관련되어 있었어요. 각 부족이 숭배하는 신은 그들에게 독자적인 정체성을 부여하고 공동체의 단결을 유지하는 밑바탕이었죠. 그런데 무함마드는 여러 부족들이 믿는 신들과는 다른 유

무함마드를 찾아온 추종자들
『무함마드의 기적적인 이야기』
(17세기)에 실린 그림이다.

일신을 제시하며 그들의 사회적 기반을 흔들었던 거예요. 그래서 사람들은 그를 불편하게 여겼어요. 결국 무함마드는 박해를 받아 고향 메카를 떠나 메디나로 망명하게 돼요.

메디나에서 그는 공동체 움마를 만들어 지도자가 되었어요. 8년간의 망명 생활에서 힘을 키운 무함마드는 630년 추종자들과 함께 그의 고향이자 아랍의 중심 도시인 메카를 점령하게 돼요. 그리하여 그는 아랍 지역의 여러 부족들을 이슬람으로 통합하여 정치 권력을 행사하는 지도자가 되지요. 632년 무함마드 마지막 통치 시기에는 아랍 반도의 거의 전 지역을 이슬람교로 통일해요. 무함마드는 예언자로서 신의 계시를 전했지만, 그와 함께 정치 지도자로서도 탁월한 능력을 발휘한 것이죠. 그가 강력한 정치 지도자가 될 수 있었던 것은 유일신 사상이 뒷받침되었기 때문이에요. 제가끔 다른 신을 숭배하는 여러 부족들을 유일신 사상을 통해 강력하게 하나로 통합했던 거지요.

그가 죽은 뒤에도 이슬람 세력은 빠르게 확장돼요. 아랍의 경계를 넘어 635년에 다마스쿠스, 636년에 페르시아, 637년에 예루살렘, 641년에 알렉산드리아를 점령하게 되죠. 그야말로 파죽지세로 뻗어 나갔어요. 첫 이슬람 왕조인 우마이야 왕조(661~750) 때는 터키, 북인도, 북아프리카, 에스파냐까지 정복했죠. 이후 십자군 전쟁으로 잠시 주춤하다

중세 이슬람 도시의 모습 도시 어디에서나 모스크의 첨탑이 눈에 띈다. 무함마드가 이슬람교를 전파한 뒤 아랍에서 모스크가 생활의 중심이 되었음을 짐작할 수 있다.

가, 14세기에 다시 오스만 제국이 크게 일어나 옛 로마 제국처럼 번성했어요. 이때 이슬람은 사상적 통일, 정치적 통일로 안정을 이뤄 찬란한 이슬람 문명을 꽃피우게 돼요.

이슬람권에서는 천문, 지리, 수학, 연금술, 금속 가공술 같은 자연과학이 아주 발달했어요. 이슬람 문명 중에서 대표적인 것이 우리도 잘 아는 아라비아 숫자예요. 아랍 전체로 영토가 확장되고 무역 교류도 활발해지니까 자연히 수학과 자연과학이 발달하게 된 것이죠. 이슬람의 천문학, 지리학, 연금술은 유럽에 전파되기도 했어요. 오늘날 이슬람의 화려한 영광을 보여 주는 문화재로는 인도의 타지마할과 에스파냐의 알람브라 궁전이 유명하지요.

평등의 종교, 이슬람

그런데 이슬람이 왜 그토록 빠르게 퍼져나갈 수 있었을까요? 첫째, 이슬람이 인간을 차별하지 않는다는 점을 들 수 있어요. 모든 인간이 알라의 피조물이니 모두가 동등하다는 가르침이 많은 사람들에게 설득력 있게 들렸을 거예요. 실제로 이슬람교는 성직자가 따로 없고, 모든 신자는 설교자가 될 수 있어요. 믿는 자는 모두 신 앞에 평등하며, 종교적 의무를 수행하는 모습은 누구나 똑같죠. 또 지위의 높고 낮음을 따지지 않고 일렬로 예배를 드려요. 예배실에는 상석이 따로 없지요. 나는 이슬람 예배에 참석해 본 적이 있는데, 방글라데시의 무슬림 노동자와 사우디아라비아의 대사가 나란히 서서 예배를 보더라고요. 다른 종교에서는 흔히 볼 수 없는 이러한 예배 모습이 꽤 신선했답니다.

둘째, 복잡한 이론이나 예식 같은 것 없이 실천 중심의 종교라는 점도 이슬람이 널리 퍼질 수 있는 이유가 되었을 거예요.

셋째, 당시 비잔틴 제국이 부패하고 억압적이어서 사람들은 이슬람 군대를 침략자로 보기보다는 해방자로 보는 경향이 많았다는 점도 들 수 있어요. 실제로 아랍의 정복자들은 세금을 적게 걷어 환영받았지요.

그 밖에도 그들의 관용적인 태도가 이슬람을 확산시킨 큰 이유였다

이슬람교의 예배 모습 이슬람은 지위 고하를 막론하고 다 같이 나란히 예배를 본다. 특별석이 따로 없는 것이 다른 종교에서는 흔히 볼 수 없는 점이다. ⓒ김나미

고 할 수 있어요. 아랍의 정복자들은 그들이 정복한 지역에서 "종교에서 강제란 있을 수 없다.", "사람들을 강요해서는 믿음을 갖게 할 수 없다." 는 꾸란의 말씀을 따랐어요. 그들은 신앙의 자유를 옹호하는 꾸란의 원칙을 지켜 사람들에게 개종을 강요하지 않았던 거예요. 그러한 관용의 힘이 오히려 사람들을 자연스럽게 감화시켰어요. 사람들은 이슬람을 기꺼이 받아들였고, 이슬람교는 물리적 강요가 없어도 널리 퍼져 나갈 수 있었지요.

그래서 오늘날 무슬림은 중동 지역뿐만 아니라 중국 서부, 북아프리카, 파키스탄, 방글라데시, 그리고 동남아시아의 말레이시아, 인도네시아, 태국 남부, 필리핀 일부 지역에도 꽤 많이 있답니다. 인도네시아에는

2억 명에 가까운 무슬림이 있어 단일 국가로는 가장 많고, 인도 북부에도 많다고 해요. 지금도 이슬람교는 전 세계로 퍼져 나가고 있고, 미국이나 유럽으로 이민 간 중동 사람들이 많아 곳곳에서 무슬림을 만날 수 있답니다.

이슬람의 신앙

'이슬람'은 '평화'와 '신에 대한 복종'이라는 의미를 가지고 있어요. 알라의 뜻에 복종하여 마음의 평화를 얻는다는 뜻이지요. 알라에게 절대 복종하는 것은 이슬람교의 처음이자 마지막과 같아요. 이슬람교 신자를 뜻하는 '무슬림'이라는 말도 '알라를 믿고 그의 뜻에 복종한다.'는 의미지요.

이슬람교에서 알라를 믿고 따르는 올바른 방법은 다섯 가지로 요약돼요. 무슬림이라면 누구나 지켜야 하는 중요한 다섯 가지 의무지요. 첫째가 신앙 고백이에요. "알라 외에 신은 없으며, 무함마드는 그의 예언자다."라는 고백이지요. 이 신

터키의 타일 "알라 외에 신은 없으며, 무함마드는 그의 예언자다."라는 문구를 새긴 터키의 타일이다.

앙고백을 '샤하다'라고 해요. 이것만 보아도 이슬람교가 엄격한 일신교의 원리에 뿌리를 두고 있다는 것을 알 수 있지요. 알라는 유일한 절대자로 전지전능한 창조자이고 지배자예요.

꾸란 112장 1~4절에는 이렇게 나와 있어요. "일러 가로되, 알라는 단한 분뿐이시다. 알라는 영원하시며, 성자와 성부도 두지 않으셨으며, 그분과 대등한 것은 세상에 없노라." 이 가르침을 받들어 이슬람은 우상 숭배를 엄격하게 금해요. 이슬람 사원을 '모스크'라고 하는데, 모스크를 보면 내부에 아무런 장식이 없어요. 우상 숭배를 금하기 때문에 신을 그리거나 만들거나 조각하지 않은 것이지요.

둘째는 의무적으로 하루 다섯 번 메카를 향해 예배를 올리는 것이에요. 하루의 일정한 시각(새벽, 정오, 오후, 저녁, 밤)에 일정한 형식에 따라 행하죠. 예배는 알라와 가까이 하는 시간이에요.

셋째는 부유한 사람이 자신의 재산에서 일정 금액을 떼어 일 년에 한 번 가난한 사람을 위해 기부하는 것이에요. 이를 '자카트'라 해요. 자카트는 정화, 순결을 의미하는데, '형제'들에게 관대함과 나눔을 실천함으로써 영적으로 정화되는 것이지요. 자카트는 불교의 보시와 비슷하다고 할 수 있어요.

넷째로 일생에 한 번 이상 이슬람 성지인 메카를 순례하는 것이에요. 메카에는 '카바'라는 신

메카로 향하는 순례자들
세계의 무슬림들은 평생에 한 번이라도 이슬람 성지인 메카를 순례하는 것을 최고의 목표이자 영광으로 여긴다.

모스크 내부 이슬람은 우상 숭배를 엄격히 금한다. 그래서 다른 종교의 사원에서 볼 수 있는 그림이나
조각상을 볼 수 없다. ⓒ김나미

전이 있어요. 이슬람교가 퍼지기 전에는 여러 부족 신을 믿던 메카 사람들의 신전이었는데, 이것을 이슬람의 최대 성지이자 신전으로 변모시켰어요. 세계의 무슬림들은 평생 한 번만이라도 이곳으로 성지 순례를 하는 것을 최고의 목표이자 영광으로 여긴답니다.

마지막으로 다섯째는 일 년에 한 번, 한 달간 금식하는 '라마단'을 지켜야 하는 것이지요. 해마다 9월 라마단 기간에는 해가 떠 있는 동안에 음식이나 음료를 먹을 수 없고 오락을 해서도 안 돼요. 철저하게 금욕 생활을 해야 돼요. 라마단을 통해 무슬림은 절제와 금욕을 배우고, 배고픈 사람의 마음을 이해하게 되는 것이지요. 그러나 밤에는 먹고 마시며 축제처럼 변하는데, 마지막 3~5일간은 가장 영적인 날이라고 해요. 이런 구체적 실천 사항들은 이슬람교를 지탱하는 기본적인 힘이에요.

그러나 무슬림이라면 누구나 반드시 지켜야 하는 이런 중요한 의무에도 융통성이 있어요. 예를 들어 라마단 기간이라도 환자나 임산부는 기일을 늦출 수 있고, 또 여행자들은 안 지켜도 돼요. 이런 점을 보면 같은 계율 종교인 유대교와는 큰 차이가 있죠. 이슬람의 일상에서도 이러한 관용성은 쉽게 찾아볼 수 있답니다.

비슷하면서도 다른 성경과 꾸란

구약 성경이 유대인이 받은 야훼의 계시 말씀이라면, 꾸란은 아랍인이 알라에게 받은 계시 말씀이지요. 그런데 나는 꾸란을 공부하면서 성경과 비슷한 내용이 많아서 무척 놀랐던 기억이 있어요. 여기서는 꾸란의 내용을 성경과 비교해서 알아볼까요?

먼저 꾸란과 성경은 모두 아담과 하와를 인류의 첫 조상이며 첫 부부라고 설명해요. 그리고 이들 인류의 조상이 사탄의 유혹으로 타락하게 되었고, 하나님의 가르침을 어긴 뒤 수치심과 죄의식을 느끼게 되었다고 하죠. 또 본래의 거처에서 쫓겨나 육체적 죽음을 겪는 존재가 되었다는 내용까지 모두 같아요.

그렇지만 차이점도 있어요. 성경은 신이 하와를 아담의 갈비뼈로 만들었다고 하지만, 꾸란은 신이 아담과 마찬가지로 하와를 흙으로 만들었다고 해요. 또 성경에서 하와는 아담에게 타락의 원인을 제공하는 이로 나오지만, 꾸란에서는 타락의 원인 제공자가 아니라 아담의 동반자로 나와요.

또 성경은 여성의 출산이 타락에 대한 징벌이라고 말하지만, 꾸란은 여성의 임신과 출산은 징벌이 아니라 어머니에 대한 은혜와 감사를 가르치기 위한 것이라고 말해요. 꾸란 31장 14절에는 "알라께서 사람들에게 명령하기를, 어머니는 그를 잉태하고 2년간 젖을 먹임으로 해서 허약해졌느니라. 그러므로 내게 감사하고 너의 부모에게 감사하라."고 나오지요.

그리고 성경에서는 첫 인간들의 죄로 인간이 '원죄'를 지닌 채 태어나게 되었다고 말하죠. 그러나 꾸란에서는 아담과 하와의 행위가 바로 용서되었고, 따

꾸란 마리아 장에는 창조주의 존재, 부활과 심판 등 이슬람 신앙의 기본 원리가 제시된다. ⓒ김나미

라서 원죄도 없지요. 하나님의 명령을 어긴 뒤에 아담과 하와는 회개했어요. 이들은 자신들의 실수를 인정하면서 하나님에게 관용과 자비를 청하고, 하나님은 이들에게 관용과 자비를 베푸셨죠. 인간에게 원죄가 없으므로 기독교에서 말하는 메시아에 의한 구원도 필요 없게 돼요. 이슬람교는 그저 저마다 자신이 지은 죄를 알라에게 직접 고하면 되며, 누구도 다른 사람의 죄를 대신 용서받을 수 없다고 가르치죠.

이슬람교와 유대교, 기독교의 차이점

이러한 차이는 예수와 무함마드의 위치를 다르게 규정하는 데까지 나아가게 돼요. 앞에서 언급한 것처럼 이슬람교에서는 기독교의 예수를 예언자의 한 분으로 인정하고 있지만, 기독교에서는 예언자 무함마드가 전한 알라의 계시를 받아들이지 않아요. 이는 유대교가 예수를 메시아로 인정하지 않는 것과 마찬가지지요. 반면 기독교에서는 예수를 하나님의 유일한 아들로 보지만, 이슬람교에서는 예수를 다만 한 분의 예언자로만 보고 신의 아들이라는 것을 부정해요. 신은 오직 하나라는 것이죠. 꾸란 4장에는 "알라와 선지자들을 믿되 삼위일체설을 말하지 말라. 너희에게 복이 되리라. 실로 알라는 단 한 분이시니 그분에게는 아들이 있을 수 없노라."고 나와요.

꾸란에서는 이러한 차이에 대해 성경에서 신의 계시가 전수되는 과정에서 왜곡이 일어났기 때문이라고 해요. 꾸란이야말로 왜곡 없는 진짜 신의 계시라고 주장하죠. 이러한 내용은 유대교 신자와 기독교 신자들에게 엄청난 논란을 불러올 수 있겠죠. 이를 글자 그대로 받아들이면 양쪽 신자들은 서로 배타적일 수밖에 없을 거예요. 그리하여 같은 뿌리를 지닌 유대교, 기독교, 이슬람교는 오늘날까지 제각기 자신의 교리가 참된 진리라고 주장하지요. 유대교는 예수를 메시아로 인정하지 않고, 기독교는 무함마드를 예언자로 인정하지 않으며, 이슬람교는 예수를 신으로 보지 않는 교리 상의 차이가 있어요.

그러나 진정한 종교는 화해의 작용을 하는 종교가 아닐까요? 우리 모두 성경과 꾸란을 함께 읽는다면 어떨까요? 공통점이 더 많은 이들 종교가 공존하기 위해 성경과 꾸란을 재해석한다면 더욱 좋을 거예요. 그리고 이런 재해석은 더 풍요로운 종교 세계를 열어 줄 거예요.

앞서 개신교를 공부하면서 살펴보았던 위대한 종교개혁가 마르틴 루터의 말을 떠올려 보세요. 이슬람교가 기독교와 다르다는 것을 알고 있으면서도 얼마든지 그들과 함께 밥을 먹고 잠을 자고 길을 걷고 이야기하겠다는 루터의 말을요. 이러한 차이를 앎으로써 오히려 종교의 세계에서 더 관용적인 자세를 가지고 자신이 믿는 종교를 더욱 훌륭하게 만들 수도 있을 거예요.

이슬람교의 종파

기독교가 여러 교파로 나뉘었듯 이슬람교에도 종파가 꽤 있어요. 그중 커다란 두 종파가 있는데, 바로 수니파와 시아파죠. 이 둘은 같은 꾸란 경전과 교리를 믿지만 몇 가지 다른 점이 있어 나뉘었답니다. 무함마드가 죽은 뒤 그의 뒤를 잇는 지도자 '칼리프'를 선정할 때 그 선정 기준을 다르게 하는 데서 분열이 시작되었어요. 칼리프는 '신의 사도의 대리인'이라는 뜻이에요. 칼리프는 이슬람교 교리의 순수성을 유지하고 이슬람교를 수호하며 공동체를 관장하는 이슬람의 최고 통치자를 가리키죠.

무함마드는 승계에 관해 규정한 적이 없고, 직계 후계자도 남기지 않았어요. 그래서 후계자 선정을 두고 의견이 갈렸지요. 결국 무함마드의 직계 자손만이 칼리프가 되어야 한다는 주장을 했던 사람들이 시아파가 되었고, 칼리프는 핏줄과 상관없이 자격 있는 사람으로 하는 것을 바랐던 사람들이 수니파가 되었어요. 분열의 계기가 되었던 후계자 문제 말고 종말론, 역사관, 가족법에서도 시아파와 수니파는 차이가 있어요.

수니파는 무슬림의 90%를 차지할 정도로 압도적으로 많으며, 자신들을 정통파라고 주장해요. 반면 시아파는 전체 무슬림의 10%밖에 안 돼요. 이란은 전형적인 시아파 국가고, 사우디아라비아는 정통 수니파 국가예요.

종파 갈등은 긍정적인 면도 있고 부정적인 면도 있는데, 때로 부정적인 작용이 커서 전쟁으로 치닫기도 하지요. 1980년에 이라크가 이란을 공격해 벌어진 이란-이라크 전쟁도 그중 하나예요. 처음에는 석유 유전과 페르시아 만 점유권 문제로 분쟁이 터졌지만, 그 속내는 아랍족인 이라크 수니파와 페르시아족인 이란의 시아파 사이에 종파 갈등이 있어 전쟁으로 발전했지요.

사실 종파 자체가 나쁜 것은 아니에요. 기독교도 처음에는 유대교의 한 종파로 볼 수 있었고, 개신교도 기독교의 한 종파로 시작했지요. 종파는 종교의 세계를 더욱 풍부하게 하고 발전시키는 작용을 해요. 불교에서도 큰 갈등 없이 여러 종파가 일어나서 불교의 세계를 경이로울 정도로 풍요롭게 만들었어요. 따라서 종파에 대한 관용적인 태도가 필요해요.

이슬람교 종파 가운데 수피즘에 대해서도 알아볼까요? 수피즘은 숫자는 적지만 세계 종교에 미치는 영향 때문에 중요해요.

'수피'는 '양털 옷을 입은 자'라는 뜻이에요. 이는 수도사들이 형편없는 옷을 입고 다녔기 때문에 붙여진 이름이죠. 수피즘은 이슬람 교리가 체계화, 형식화되어 가는 데 반발하여 일어난 것이에요. 그래서 수피는 형식적인 요소를 반대하고 신과 합일을 이루는 신비 체험을 강조하는 쪽으로 발전했어요. 이들은 명상이나 은둔 생활을 통해 일상적으로 신앙을 표현하거나 기도와 노래, 춤으로 신앙심을 표현해요. 이들은 진리가 말이나 이론에 있는 것이 아니라 하나님에게 몰입하는 신비로운 체험에서만 찾을 수 있다고 보죠. 이런 체험을 갖기 위한 방법으로 빙글빙글 도는 춤을 추기도 해요. 그래서 이들은 '춤추는 수도사'로 일컬어지기도 하죠.

춤추는 수피

바하이교는 19세기 이슬람 시아파가 대부분인 이란에서 태어난 종교예요. 바하이교가 주목받는 이유는 그 가르침 때문이에요. 바하이교는 세계의 모든 종교는 하나의 뿌리에서 생겨났고, 모든 종교의 가르침에는 근본적으로 일치하는 면이 있다고 보아요. 또 민족과 인종 간의 편견을

연꽃 모양의 바하이 사원 모든 종교가 하나의 공동체로 통합되길 추구하는 바하이교는 종교 간 화합과 평화에 큰 교훈을 준다. 사진은 인도 델리에 있는 바하이 사원이다. ⓒ김나미

없애고, 인류를 한형제로 여기며, 여러 이름을 달고 있는 모든 종교가 하느님 한 분으로 통합되고 하나의 공동체로 융합되길 원해요. 그러므로 각 종교들이 서로 인정하고 공존해야 하며, 나아가 인류의 평화를 수립하는 것이 최고의 목표가 되어야 한다고 가르치죠. 적극적으로 세계 종교의 공존과 평화를 주창하는 바하이교는 오늘날 우리에게 가르쳐 주는 바가 많아요.

오늘날의 이슬람

근대에 들어 서구 사회가 아시아, 아프리카, 아메리카를 침략하기 전에 세계의 문명권들은 서로 대등하고 독립적인 관계를 유지하고 있었어요.

그러나 19세기부터 서구 제국주의의 침략이 활발해지면서 이들의 관계가 바뀌게 되었지요.

이슬람 사회에도 서구 제국주의가 침략해 들어왔어요. 압도적인 무력을 앞세운 제국주의 침략자들은 이슬람 사회를 식민지로 만들었고, 이슬람은 정치적으로 쇠퇴했지요. 또한 서구 제국주의의 지배와 함께 이슬람 사회에 서양 문물과 물질주의적 가치관이 밀어닥쳤어요. 이슬람 사회는 이에 대응하기 위해 이슬람 부흥 운동을 벌였죠. 또 이들은 서구 열강의 착취와 세속적 가치에 도전했어요. 이는 이슬람 사회가 부닥친 어려운 고비를 헤쳐 나가기 위한 몸부림이었죠.

그런데 이렇게 좋은 뜻으로 시작한 이슬람 부흥 운동이 20세기 들어 이슬람 근본주의로 변질하게 돼요. 근본주의는 이슬람 사회가 서양화되는 것에 반발하는 마음이 밑바탕이 되었죠. 무슬림은 급격하게 밀어닥치는 서양 문물과 가치관을 이슬람에 대한 도전이나 위협으로 받아들였거든요. 그래서 이들은 전통을 보존한다는 구실로 모든 서구 문화와 사고방식을 배격하고 이슬람의 전통적인 가르침을 문자 그대로 실행하겠다고 나서게 되었죠. 이런 이들을 가리켜 '이슬람 근본주의자'라고 해요.

근본주의는 원래 1920년대 미국의 보수적인 개신교에서 발생한 사상이에요. 개신교 근본주의자들은 성서에 쓰인 내용을 문자 그대로 받아들이고 그것을 지키겠다는 태도를 지니죠. 그런데 어떤 종교든 근본주의자는 다른 종교와 갈등을 일으킬 여지가 커요. 국제 사회에 큰 문제를 일으키고 있는 이슬람 무장 단체 탈레반도 근본주의 세력의 하나지죠. 탈레반 무장 단체는 1994년 이슬람 국가인 아프가니스탄에서 한 학생에 의해 결성되었는데, 이슬람에서도 가장 과격한 사람들로 통해요. 오사마 빈 라덴도 이곳을 터전으로 활동한다고 하지요. 기독교 근본주의자들이 사랑의 종교인 기독교의 교리에 맞지 않는 것처럼, 이슬람 근본주의자들도 평화와 복종의 종교인 이슬람교의 교리에 맞지 않는 것만은 틀림없어요.

참고로 이슬람 용어로 '지하드'라는 것이 있는데, 이것은 '성스러운 전쟁'이란 의미예요. 일부 이슬람 근본주의자들은 이 말을 전쟁을 옹호하는 뜻으로 받아들이지만, 그런 건 아니에요. 이것은 본디 알라를 위해 고군분투하는 것으로, 이슬람 종교를 전파하거나 자신을 방어하기 위해 벌이는 활동을 가리키는 말이랍니다.

한국에 사는 무슬림, 파룩 준불 이맘

서울에서 외국인을 흔히 볼 수 있는 이태원, 그곳에 이슬람 교회인 모스크가 있어요. 우리나라에는 서울 이태원의 모스크를 포함해, 부산, 광주, 전주 등 모두 8개가 있다고 해요. 이태원의 모스크가 1976년 우리나라에서 처음으로 생겼죠.

이제 한국에서 무슬림을 보는 것은 어렵지 않은 일이 되었어요. 현재 우리나라에는 약 3만 명 정도의 무슬림이 살고 있죠. 1970년대 건설 붐을 타고 중동에 갔던 한국인 가운데 무슬림이 되어 돌아온 사람도 있고요.

전철에서 꾸란을 읽는 이슬람 청년 한국에서 이슬람 신자를 보는 것은 어려운 일이 아니다. ©김나미

이태원 모스크에서는 금요일마다 꾸란의 독송 소리가 울려 퍼지는 이색적인 광경이 펼쳐져요. 예배에 참석하는 무슬림들을 보면 외국인 노동자가 많지요. 이들은 이곳에서 고국의 동포를 만나고 예배도 보며 참 즐거운 시간을 보낸답니다.

이태원의 모스크에서 예배를 마치고 무슬림 파룩 준불을 만났어요. 그는 터키 출신으로 선교를 맡고 있는 이맘이에요. 이맘은 예배를 인도하는 사람을 말하죠. 파룩 준불은 터키 이슬람 재단의 후원으로 10년 넘게 예배를 이끌고 있어요. 그가 꾸란과 예언자 무함마드에 대해 말해 주었어요.

"꾸란은 알라(하나님)께서 인간에게 직접 주신 말씀이에요. 사람들이 알아듣도록 예언자를 통해 말을 전했고, 무함마드가 마흔 살 되던 610년부터 23년간 하나님의 계시를 받아 기록한 것이

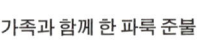

가족과 함께 한 파룩 준불

지요. 무함마드는 하나님이 보낸 최후의 사도이자 예언자예요. 그가 오기 전에 아담, 아브라함, 노아, 모세, 이삭, 요한, 예수 같은 예언자가 있었죠. 무함마드와 예수는 같은 후손으로 태어났으니, 자연히 성경과 꾸란은 내용이 비슷하지요."

서울 이태원 이슬람 사원 예배 시작 전 무슬림들이 사원으로 들어가고 있다.
ⓒ김나미

무슬림 여성 검정 부르카를 입고 있다. ⓒ김나미

　이렇게 파룩 준불의 설명을 듣고 있는데, 그의 부인이 예배를 마치고 다가 왔어요. 부인을 보자 풀리지 않는 의문이 생각났어요. 여자의 처지에서 이슬 람을 바라볼 때 드는 의문이죠. 이를테면 여자를 차별하는 듯한 일부다처제와 여자들이 쓰는 머릿수건 히잡 말이에요. 내가 이것에 대해 묻자, 파룩의 부인 은 일부다처제의 유래를 설명하고 히잡을 쓰는 것은 오래전부터 내려온 관습 이라고 강조했어요.

　"중동의 관습상 부인을 여럿 둘 수 있었어요. 성경에도 아브라함에게는 부 인이 셋, 야곱에겐 넷이나 있는 것으로 나오지요. 이슬람에서 부인을 여럿 두 는 것은 무엇보다 자선의 성격을 띱니다. 여자가 남편을 전쟁에서 잃으면 의 지할 곳 없이 살잖아요. 경제적인 능력이 있는 남자가 이런 불쌍한 여자를 거둔 것이 일부다처제가 된 것이지요. 그러나 그건 옛날 일이고, 요즘은 대부분 부인을 하나만 두어요. 히잡을 쓰는 것 또한 이슬람 이전부터 중동에 내려오는 관습이에요. 히잡은 원래 여자들이 자신의 정숙함을 표시하는 상징이었어요. 성모 마리아도 히잡을 썼을 거라고 봅니다."

히잡 착용은 중동의 오랜 관습이니 이해해 달라는 말이었어요. 이맘 파룩 준불은 '이슬람'이 평화와 복종을 뜻한다고 해요. 알라에 복종해 마음의 평화를 얻는다는 의미죠. 그런데 이슬람이 테러와 연결되면서 우리는 무슬림들을 마치 지구의 평화를 깨뜨리는 듯한 존재로 생각하지요. 반면 내가 만난 무슬림들은 한결같이 우리가 이슬람을 잘 알지 못한다고 말해요. 호칭부터 그래요. 우리는 이슬람교를 중국에 전파되는 과정에서 쓰였던 '회교'라고 하거나, '무함마드교'라고 말하기도 해요. 이슬람교는 알라를 믿지, 무함마드를 믿지는 않아요. 그러니 '무함마드교'라고 하는 것은 잘못이죠. 또 아랍어로 하나님이 알라인데 알라신이라 하는 것도 잘못이죠. 이런 오해와 선입견을 버리고 마음을 열고 다가갈 때 이슬람의 문은 활짝 열리지 않을까요? ✽

6

생활이 곧 종교,
　　　힌두교

중동의 종교 하면 이슬람교가 떠오르듯이, 인도의 종교 하면 힌두교가 떠오르죠. 힌두란 큰 강이라는 뜻의 힌디어 '신두'(Shindhu)의 페르시아어 발음이에요. 힌두는 인도와 같은 말이기도 해요. 힌두교는 이제까지 살펴본 종교와는 달라요. 앞서 본 종교들은 모두 신이 계시한 말씀을 전하는 종교였죠. 그러나 힌두교는 창시자도 없고 신의 계시를 전하지도 않아요. 힌두교는 인더스 문명에서 자연 발생한 종교예요. 인도에선 힌두교가 국교와 같아 국민 대부분이 힌두교인이지요. 그렇지만 인도에서는 힌두교 말고도 많은 종교가 탄생했어요. 불교, 시크교, 자이나교 같은 것이에요. 지금도 인도에서는 신흥 종교가 계속 태어나고 있답니다. 그래서 인도 사람들을 세계에서 가장 종교적인 사람들이라고도 하지요.

힌두교는 인도 사람이라야 믿을 수 있다는 말도 해요. 힌두교는 동남아의 한두 나라로 전해지기도 했지만, 다른 나라 사람들이 믿기에는 바탕이 너무 다르거든요. 그래서 외국인이 아무리 인도를 알고 힌두교 경전을 배워도 힌두교를 완전히 받아들이긴 힘들 것 같아요.

게다가 힌두교 안에는 여러 가지 요소들이 융합되어 있어서 "이것이 바로 힌두교다." 하고 말하기 어

가네샤 코끼리 머리를 한 가네샤는 건강과 부귀, 지혜를 주는 신으로, 인도 서민에게 가장 사랑받는다. 사진은 가네샤 축제의 한 장면이다. ⓒ김나미

려워요. 핵심적인 교리나 단일한 행동 규범이 없거든요. 사람마다 선호하는 신이 다 다르고, 또 신을 숭배하는 방법도 가지각색이에요. 도대체 어디까지가 힌두교인지 분간이 안 되는 경우가 많아요. 완전히 다른 가르침도 아무렇지 않게 어울려 있기도 하고요. 그래서 세계 종교 가운데 가장 복잡한 종교라고 하지요. 또 어떤 이는 힌두교에는 세계 여러 종교에서 볼 수 있는 특성이 거의 다 있다고도 해요.

다신교, 윤회 사상, 카스트 제도

힌두교를 단적으로 정의하기는 힘들지만 다른 종교와 비교할 때 눈에 띄는 특징이 있어요. 힌두교의 가장 큰 특징은 다신교라는 점이지요. 오늘날 인도에는 이름을 다 외울 수 없을 만큼 많은 신이 있는데, 그 숫자가 3억 3000만을 넘는다고도 해요. 힌두 신화와 전설, 민담 속에 나오는 토착 신도 많지만, 하나의 신에서 다른 신이 태어나고 거기서 또다시 태어난 화신(化身)이 많아서 그렇게 되었다고 하지요. 나는 30여 년 전부터 인도를 다니며 힌두교 신 이름을 외우다가 그만 포기하고 말았어요.

힌두교의 신들은 대체로 소원을 들어주는 신인데, 제가끔 성격이 달라요. 건강을 주는 신, 부귀를 주는 신, 자식을 낳게 해 주는 신, 어려움에서 구해 주는 신 등 아주 많은 신이 있어

유지의 신 비슈누 우주의 질서를 유지하는 비슈누가 영원의 뱀 위에 누워 쉬고 있다. 비슈누는 물고기, 거북, 돼지 따위로 몸을 바꿔 나타난다.

파괴의 신 시바 창조의 신 브라흐마, 유지의 신 비슈누와 함께 힌두교의 3대 신인 시바는 파괴의 신이
자 파괴를 통해 새로운 것을 창조하는 신이다.

요. 사람들은 저마다 필요에 따라 다른 신을 믿어요. 그래서 힌두교를 다신교의 전형이라고 하지요.

힌두교의 또 다른 특징은 윤회를 믿는다는 것이에요. 사람이 죽으면 다시 태어나고, 태어나서 또 죽고 하는 것을 반복한다고 믿어요. 사람은 저마다 자기가 생전에 한 일에 따라 더 높거나 더 낮은 계급으로 태어나기도 하고, 동물로 태어나기도 한다고 믿죠. 이것을 업에 의한 윤회라고 해요. 어쨌든 힌두교인은 누구나 사람이 되었든 짐승이 되었든 어떤 형태로든 다시 태어난다고 '조금도 의심 없이' 믿어요.

그렇지만 힌두교인의 최종 목적은 어떤 형태로든 다시 태어나지 않는 것이에요. 이것을 바로 해탈이라고 하지요. 태어나고 죽고, 그렇게 끝없이 반복되는 윤회의 수레바퀴에서 벗어나는 것이지요. 이들에게 해탈은 마지막 구원을 받는 것과 마찬가지예요. 그래서 인도에는 해탈을 하고자 하는 사람들이 많아서 온갖 명상과 수행 방법들이 발달되어 있지요.

힌두교에는 눈여겨볼 만한 제도적인 특징도 있는데, 바로 카스트예요. 여기에는 네 개의 신분이 있어요. 가장 높은 사제 신분이 브라만이에요. 다음이 왕족과 무사 신분인 크샤트리아예요. 인도에서 태어난 부처님도 이 신분에 속했더랬지요. 그 다음 주로 상업에 종사하는 신분은 바이샤고, 가장 낮은 신분으로 천민인 수드라가 있어요. 그 밖에 이 네 신분에 들지조차 못하는 불가촉천민이 있는데, 이들은 사람으로 취급받지도 못해요. 이들은 대대로 부모의 직업을 이어받아 평생 빨래만 하거나 수레를 몰거나 하면서 힘들고 천한 일을 도맡아 하지요.

이러한 신분제가 올바르다고 할 수는 없을 거예요. 그래서 마하트마 간디는 이 카스트 제도를 반대하며 천민 차별을 폐지하는 운동을 벌였지요. 그런데 별 효과를 보지 못했어요. 인도인에게는 뿌리가 깊은 관습으로 오랫동안 내려온 것이기에 개혁이 쉽지 않았지요. 21세기에도 인도에는 이 제도가 당연시되어 천민으로 태어난 사람은 평생 높은 계급의 사람들 근처에도 못 가도록 되어 있어요. 그러나 인도도 IT 강국으로 초고속 성장을 하고 세계와 폭넓은 교류를 하는 만큼 뿌리 깊고 견고한

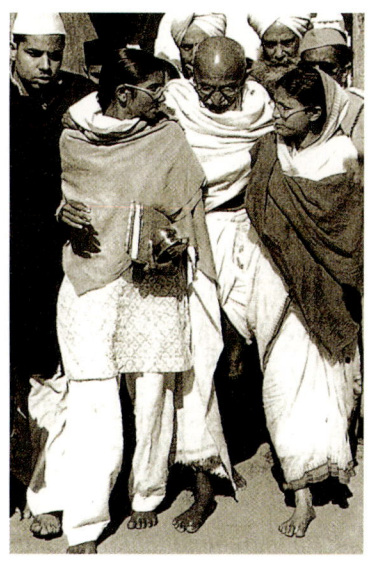

마하트마 간디 카스트 제도를 반대하며 천민 차별을 폐지하는 운동을 적극 벌였다. 그는 천민들을 존중하여 신의 자녀라는 뜻의 '하리잔'이라 불렀다.

카스트도 언젠가는 힘을 잃게 될 날이 올 거라고 생각해요.

힌두교의 기원과 베다

힌두교의 역사는 인도 문명의 역사와 함께해요. 기원전 3000년에서 2000년 사이 모헨조다로와 하라파에 인더스 문명이 찬란하게 꽃을 피울 때부터지요. 인더스 문명은 이집트 문명, 메소포타미아 문명과 함께 세계 최초의 문명이에요. 이곳에서는 만물이 계속 돌고 돈다고 보는 윤회 사상이 있었는데, 이것이 오늘날까지 전해졌죠.

기원전 15세기 무렵에는 코카서스 초원 지역에 살던 아리아인들이 인더스 문명을 굴복시키고 아리안 문명을 이룩해요. 이때 아리아인의 고유

신앙과 인더스 문명 고유의 토속 신앙이 결합해요. 종교의 융합이 일어 난 것이지요. 그래서 창시자가 따로 없고, 그 기원도 정확히 언제부터 쳐야 하는지 모르는 종교가 이루어졌어요. 토착 신에서 힌두 신화가 나오고, 최고신을 찬송하는 베다라는 찬가집이 엮어지면서 종교의 형태를 갖추기 시작했어요. 종교에는 반드시 그 종교를 대표하는 경전이 있어야 종교로서 자격을 갖추게 되기도 하거든요.

이때의 종교를 브라만교라고 구분해서 말하기도 해요. 브라만교가 힌두교의 전신이었다고 봐요. 그러나 학자들에 따라서는 힌두교가 계속 이어졌다고 보기도 해요. 어쨌든 이때 종교의 특징은 제사에 힘을 쏟고, 신분에 따라 사람들을 나눈 점이라 할 수 있어요. 아리아인들은 당시 사회적인 지위와 권위를 가지기 위해 자신들을 최고의 위치인 브라만 신분에 올려놓고, 원주민들을 아래에 놓는 카스트 제도를 만들었지요.

가장 높은 신분인 브라만은 제사를 중시하는 사제 집단이었지만, 우주와 창조신에 대한 철학적인 해설도 풍부하게 발전시켰어요. 이들의 철학적 해설을 바탕으로 기원전 1000년 즈음엔 힌두교의 주요 경전인 베다가 만들어지기 시작하지요. 그 후 대략 1000년이라는 오랜 세월에 걸쳐 베다가 집대성돼요.

베다는 '성스러운 지식'이라는 뜻이에요. 신의 창조 이야기와 신들에 대한

베다를 읽고 있는 힌두교 사제 ⓒ김나미

폭풍의 신 인드라 리그베다는 신들에 대한 찬가집으로 1000개가 넘는 찬가를 모아 놓았는데, 폭풍의 신 인드라를 찬미하는 노래가 많이 나온다.

찬양을 모은 것이지요. 베다에는 네 가지가 있는데, 리그베다, 야주르베다, 사마베다, 아타르바베다예요. 이 중 리그베다가 가장 오래되었어요. 학자들은 이것이 기원전 15세기 무렵에 아리아인이 종교 제의를 하기 위해 지은 노래를 모은 것이라고 봐요. 내용은 성스러운 힘에 대한 숭배라고 할 수 있어요. 막스 뮐러는 리그베다에 나타난 종교 사상을 '자연 숭배'라고 보았죠. 리그베다에는 종교적 환희와 시적 아름다움이 넘쳐나요. 다음 리그베다 첫 장에 나오는 신의 창조 부분을 보면 여러분도 아마 느낄 수 있을 거예요.

죽음도 없었고 불멸도 없었다.

밤도 없고 낮도 없었다.

한 점 바람기 없는 그 속에서 홀로 그 유일한 자가 숨 쉬었다.

그 외에는 진정 아무것도 없었다.

모든 신들의 기원을

우리들은 이제 기쁘게 선언하리라.

이 송가를 부를 때

후세 사람들은 이 신들을 보리라.

내면세계에 대한 뛰어난 탐구, 우파니샤드

베다가 오랜 세월을 거치며 현재의 모습으로 성립된 후, 자연과 신에 대한 관심을 떠나 인간 자신에 대한 관심이 일어나면서 새로운 문헌이 탄생하게 돼요. 바로 기원전 9세기에서 기원전 7세기 사이에 나온 우파니샤드지요. 우파니샤드는 베다를 극복하고 동시에 베다를 완성시켰다고 볼 수 있어요. 베다에서는 신에 대한 찬가와 자연 현상에 대한 찬미가 우리를 사로잡지만, 우파니샤드에서는 헤아릴 수 없이 깊은 인간의 내면세계에 대한 탐구가 우리를 끌어당기지요.

오늘날 힌두교인을 크게 두 부류로 나눌 수 있는데, 하나는 사원에서 양을 제물로 바치거나 베다를 암송하는 사람이고, 다른 하나는 수행자로서 명상을 하며 해탈을 위해 사는 사람이지요. 이 두 부류의 사람이 베다와 우파니샤드의 지향점을 현실적으로 보여 준다고 할 수 있어요. 신에

명상 수행자 명상하는 수행자의 모습에서 우파니샤드의 지향점을 볼 수 있다. ⓒ김나미

쇼펜하우어

게 제물을 바치는 모습에서 베다의 영향을, 수행자로서 명상하는 모습에서 우파니샤드의 영향을 볼 수 있지요.

우파니샤드는 제자가 스승과 무릎을 맞대고 가까이 앉아서 우주와 인생의 깊은 뜻을 찾아 대화한 기록이라는 뜻이에요. 그 뜻에서 드러나듯이 신비주의적 성찰을 집대성한 책이죠. 독일의 유명한 철학자 쇼펜하우어는 "우파니샤드를 공부하는 것보다 더 아름답고 우리를 고양케 하는 공부는 세상에 없다."며 이 책을 크게 칭찬했어요. 쇼펜하우어가 감탄한 것처럼 실제 우파니샤드는 인간과 우주에 대한 깊은 통찰을 담고 있어요. 그것은 힌두교에만 머무르는 가르침이 아니며, 모든 사람들에게 온갖 고뇌와 두려움과 미혹함을 잠재울 수 있는 해탈의 메시지를 전해 주지요. 그럼 우파니샤드가 어떤 내용을 담고 있는지 한번 볼까요.

사랑하는 아들아. 벌이 서로 다른 나무들의 정수를 모아 그것을 하나로 합침으로써 꿀을 만드는 것처럼, '나는 이 나무의 정수다.' 라든지 '나는 저 나무의 정수다.' 라고 구별해서는 안 된다. 더욱이 여기 있는 온갖 생물들은 스스로 존재하고 있음에도 자신들이 존재에 이르렀다는 사실을 모르고 있단다.

이 세상에 있는 온갖 생물들이, 호랑이냐, 사자냐, 늑대냐, 뱀이냐, 심지어 파리냐에 상관없이 모두 가지고 있는 것이 있다. 그것은 최고의 정수이며, 이 세상은 그것을 영혼으로 가지고 있단다. 그것이 브라만(최고의 존재)이다. 그것이 아트만(개인적 자아)이다. 그것이 너이다.

이 글은 개인적 자아를 가리키는 아트만과 영원한 진리인 브라만이 하나라고 말하죠. 내가 곧 브라만이라는 것을 깨닫는 것을 바로 해탈이라고 해요. 눈치가 빠른 사람이라면 이런 우파니샤드의 깊은 통찰이 불교의 기반이 되었다는 걸 알아차릴 수 있을 거예요. 우파니샤드의 범아일여 사상은 불교의 기초가 되어 주기도 했답니다.

종교철학적 서사시, 바가바드기타

바가바드기타는 서민 대중과 함께해 온 경전이에요. 그리고 인도 종교사에서 가장 큰 영향을 끼친 경전이죠. 베다와 우파니샤드처럼 바가바드기타도 작자나 연대를 확실히 몰라요. 대략 기원전 3세기에 쓰여진 것이라고 보지요. 바가바드기타는 '주님의 노래'라는 뜻이에요. 본래 인도의 유명한 대서사시 '마하바라타'의 한 부분이었는데, 하나의 문헌으로 떨어져 나왔지요.

아르쥬나와 크리슈나 바가바드기타에는 마부로 변신한 비슈누의 화신인 크리슈나와 아르쥬나 사이의 철학적 대화가 펼쳐진다. ⓒ김나미

바가바드기타는 종교철학적 서사시예요. 서사시의 무대는 전쟁터예요. 다섯 형제가 왕위 계승을 둘러싸고 벌이는 전쟁터를 배경으로 하지요. 다섯 형제 중 셋째인 아르쥬나는 친족 간의 다툼이라는 사실 때문에 이 전쟁의 정당성을 의심해요. 먼저 죽이지 않으면 죽게 되는 살벌한 전쟁터에서 그의 고뇌는 깊어 가지요. 그런데 비슈누의 화신인 크리슈나가 그를 구제하기 위해 마부로 모습을 바꿔 세상에 나타나요. 아르쥬나는 크리슈나에게 삶이 무슨 의미가 있는지 물어요. "크리슈나여, 나는 승리도 왕국도 그 어떤 즐거움도 원치 않소. 왕국은 가져서 무엇 하며 쾌락이나 삶이 무슨 소용이 있겠소?" 하고 묻지요.

이러한 인간의 고뇌에 대해 크리슈나는 다음과 같은 가르침을 줘요. 먼저, 모든 고통과 슬픔은 실재가 아닌 것을 실재로 착각하는 환상에서 비롯된다며 아르쥬나에게 이것을 깨달으라고 하죠. 그러면 삶의 모든 즐거움과 괴로움에서 벗어나 비로소 자유로워질 수 있게 된다고 말이에요. 죽음 또한 다르지 않다고 해요. 크리슈나는 아르쥬나에게 "죽음이란 삶의 거대한, 그리고 영원한 쳇바퀴의 한 걸음에 지나지 않으니 여기에 너무 집착하지 말라. 누구도 죽거나 죽음을 당하지 않는다. 영혼은 단순히 낡은 육신을 버리고 새것을 입는 것뿐이다." 하고 말하죠.

그럼 어떻게 해야 삶에 집착하지 않을 수 있을까요? 크리슈나가 제시하는 길은, 행하되 그 결과를 기대하지 말고 하라는 것이에요. 또는 행위의 결과에 대해 집착하지 말고 행하라고 해요. 그럼으로써 궁극적으로 자기를 완전히 비우고 절대자에게 모든 것을 맡기라고 권해요. 크리슈나는 "사람이 모든 욕망을 버리고, '나'라는 생각과 '내 것'이라는 생각에서 벗어나 갈구함이 없이 행동할 때, 그는 평화에 도달한다."고 하지요.

그런 경지에 이르면 신과 하나가 되어 윤회의 바다를 건널 수 있게 된다고 해요. 그래서 크리슈나는 다음과 같이 말해요.

"나를 모든 행위의 궁극적인 목표로 삼고 행위의 결과에 집착하지 않고 행하는 사람, 그리고 이원적인 대립을 벗어나 누구에게도 적대감을 갖지 않는 사람은 내 존재 속으로 들어와 나와 하나가 된다."

오늘날의 힌두교

오늘날 힌두교는 인도인의 삶과 한가지예요. 힌두교는 인도인의 삶이고 인도 그 자체지요. 나는 인도를 자주 다녔는데, 그들의 일상생활을 보면

생활이 곧 종교인 인도인 인도인은 언제 어디서든 자연스럽게 신과 함께한다. ⓒ김나미

'종교 따로, 생활 따로'가 없이 날마다 습관처럼 종교 생활을 자연스럽게 해요. 집집마다, 길가의 상점마다 모두 자신이 믿는 신을 모셔 놓고 향을 피우며 기도해요. 종교가 생활 속에 다 들어 있지요. 흔히 우리는 예배를 보거나 종교 행사가 있을 때만 종교적이 된다고 할 수 있지만, 인도인들은 언제 어디서나 삶 자체를 종교적으로 만드는 사람들이에요. 자신이 원하는 신을 믿으면서 날마다 신과 함께 사는 사람들이지요.

인도인들은 베다의 가르침에 따라 삶을 각각 중요한 목적을 가진 네 기간으로 나누어요. 소년, 청년, 중년, 노년으로 나눠 시기마다 의무를 부여한 것이지요. 처음은 개개인이 원하는 온갖 행복을 추구하고 사는 '카마', 다음은 재물을 모으고 물질적인 것에 몰두하는 '아르타', 그 다음은 베다의 가르침에 따라 사는 '다르마', 삶의 마지막은 해탈을 위한 '목샤'를 목표로 해요.

마지막 노년에 삶을 정리하는 기간을 특히 중요하게 여기는데, 이때는 오로지 해탈을 목적으로 아무것도 지니지 않은 채 전국을 떠돌아다니면서 인생의 마감을 준비한답니다. 나는 인도를 다니면서 이런 사람들을 많이 만났어요. 아무것도 가진

무소유의 인도인 인도에서는 아무 것도 지니지 않은 채 떠돌아다니며 해탈을 추구하는 이를 흔히 볼 수 있다. ⓒ김나미

것 없이 밥도 얻어먹으며 힌두교인으로서 오직 윤회를 끊는 해탈을 이루기 위해서만 사는 이들을 보고 놀란 적이 참 많아요. 우리와 비교하면 딴 세상 같다는 생각이 들어요. 그래서 많은 사람들이 인도의 매력에 빠지면 벗어나기 어렵다고 하나 봅니다.

한국에 사는 힌두교 신자, 랑그나트 파탁

서울에 사는 인도인이 2만 명이 넘는다고 해요. 이들 대부분이 힌두교를 믿죠. 이들은 세계 어디에 가도 한데 모여 힌두교식 예배를 보아요. 이 예배를 '푸자'라고 하는데, 서울에도 이 모임이 있어요. 이때는 악기도 연주하고, 음악에 맞춰 춤을 추는 사람도 있어요. 교회나 성당에서 하는 찬송과 비교하면 요란하지요. 푸자의 자리에 신을 최고의 손님으로 맞아들이기 위해 그렇게 하는 것이라고 해요. 음악과 춤으로 신을 모신 다음에는 신의 찬가집인 베다도 읽고 명상도 하지요.

서울의 푸자 모임에서 랑그나트 파탁을 만나서 힌두교에 대해 알아보았어요. 그는 한국외국어대학교 힌디어과 교환 교수예요. 그는 하누만 신을 섬긴다고 해요. 하누만은 대서사시 '라마야나'와 '마하바라타'에 나오는 원숭이 신으로 어려움에 빠진 사람을 도와주지요.

원숭이 신 하누만 ⓒ김나미

랑그나트 파탁은 아침에 일어나면 먼저 향을 피우고 하누만 신에게 예를 올린 뒤 빨간 가루를 이마에 찍는 것으로 하루를 시작해요. 그런 다음 힌두교 경전인 베다를 산스크리트어로 읽고 나서 출근 준비를 한다고 해요. 힌두 사원에 가 보면 온갖 신의 조각상이 쌓여 있는 걸 볼 수 있어요. 일설에 따르면 힌두 신은 3억 3000만 명에 이른다고 하죠. 게다가 지금도 끊임없이 새로운 신이 태어나고 있대요. 힌두교는 왜 이리 신이 많은 걸까요? 랑그나트 파탁에게 묻자, 그는 이렇게 대답했어요.

"신이 많은 것을 의아해할 필요는 없어

랑그나트 파탁 ⓒ김나미

요. 모두 상징일 뿐이거든요. 빨간 장미, 노란 장미, 검은 장미와 같이 장미의 색깔이 달라도 모두 같은 장미인 것처럼, 어떤 신을 숭배해도 결국 같은 절대 자에게 귀의하지요."

어떤 신을 숭배해도 결국 같은 곳에 이른다는 그의 말에서 종교적 다원주의의 힘을 느낄 수 있었어요. 이어 그는 인도인답게 자신이 한국에 온 인연도 윤회와 업으로 풀이했어요. 전생에 한국과 관련된 게 있어서 한국에 오게 되었다는 거죠. 그런데 힌두교에 관한 것으로 정말 궁금한 게 있어요. 바로 카스트 제도 말이에요. 인도인은 태어나면서부터 브라만, 크샤트리아, 바이샤, 수드라, 이렇게 네 신분이 정해지죠. 인도인들

예수와 부처를 함께 모시는 힌두인 힌두교인들이 함께 모여 예배 드리는 집 벽에 걸린 사진이다. 이들에게는 예수와 부처를 함께 모시는 것이 아무런 문제도 되지 않는다. ⓒ김나미

은 이것을 어떻게 생각하는지 물어보았어요.

"외국인은 카스트를 오해하고 있어요. 우리는 서로 신분을 따지지 않아요. 실제로 서울에서 같은 인도인을 만나도 우리는 신분을 묻지 않아요. 모두 자신의 신분에 만족하며 그에 맞게 잘 살고 있습니다."

그는 제가끔 자기 신분에 만족하고 사는데 굳이 남이 카스트에 대해 이래라저래라 할 필요가 있느냐고 반문했어요. 그러나 인도에서 신분이 존재하지 않는 곳이 있다면 힌두 사원일 거예요. 제물을 바치고 악기를 연주하고 율동을 더해 신성하게 거행하는 푸자에서 신분은 상관없어 보여요.

마지막으로 그에게 종교의 뜻을 물었어요. 그는 종교를 "숨 쉬는 것과 똑같은 것"이라고 정의해요. 물고기가 물속에 살듯, 모든 생물이 호흡하듯 자연스럽게 함께 있는 것이라는 거죠. 정말이지 그의 말대로 이들에게 종교는 선택의 문제가 아니고 삶 그 자체로 보였어요. ✽

7

평화의 종교, 불교

앞서 살펴본 힌두교를 바탕으로 기원전 6세기에 인도에서 또 하나의 종교가 탄생했어요. 바로 불교예요. 불교는 힌두교를 바탕으로 하지만 기존 힌두교를 개혁하는 면이 강하지요. 예수가 유대교를 혁신하여 기독교의 문을 열었다면, 부처는 힌두교를 혁신하여 불교의 문을 열었어요.

위대한 종교는 언제나 혁신을 통해 인류 문명에 새로운 바람을 일으키곤 해요. 어찌 보면 종교의 역사는 혁신의 역사이기도 하지요. 유대교의 개혁으로 기독교가 나왔고, 이슬람교의 개혁으로 수피즘이 나왔으며, 힌두교의 개혁으로 불교가 나왔으니까요.

부처는 힌두교가 정당화하는 카스트 제도를 부정했어요. 자그마치 2500여 년 전에 당시 사람들에게 자연스럽게 인식되어 있던 신분 제도를 부정하고 모든 인간은 평등하다는 점을 설파했죠. 신분을 당연하게 여기는 사회에서 이것은 대단히 파격적인 일이에요. 그리고 부처는 동물을 죽여 바치는 힌두교의 희생 제의에 반대해 생명 존중 사상을 폈지요.

불교가 다른 종교와 달리 특별한 점은 절대적인 신에 의존하지 않는다는 것이에요. 신의 계시나 신의 말씀을 전하지 않지요. 불교는 신을 믿고 그에 복종하는 것이 아니라, 개인의 노력으로 수행을 하고 마지막에 깨달음을 얻는 것을 중요하게 여겨요. 그래서 불교를 '믿음의 종교'가 아닌 '수행의 종교'라고 하지요. 또 그런 점에서 불교를 '타력 종교'가 아닌 '자력 종교'라고 해요. 불교의 최종 목표는 삶의 번뇌를 완전히 소멸시키고 더없이 평온한 상태인 열반을 성취하는 것이지요. 대승 불교에서는 이를 부처가 된다는 뜻으로 '성불한다'고 말해요.

불교는 기독교, 이슬람교와 함께 세계 3대 종교예요. 불교는 아시아의 종교였고, 아시아의 문화에 커다란 영향을 끼쳤지요. 문학, 미술, 건축을 비롯해 생활양식에 이르기까지 그 영향은 이루 다 말할 수 없을 정도예요. 그러나 오늘날에는 유럽과 미국에서도 수많은 신자들이 부처님의 가르침을 배우고 있어요. 이제 불교는 아시아의 종교를 넘어 세계적인 종교가 되어 가고 있답니다.

고타마 싯다르타에서 부처로

부처의 본래 이름은 고타마 싯다르타였어요. 나중에 깨달음을 얻은 뒤 부처라 일컬어졌죠. 부처는 '진리를 깨달은 사람'이란 뜻의 보통 명사예요. 또 부처는 샤카족에 속했는데, 이 종족의 성자라는 뜻으로 '샤카무니'라고도 했어요. 이것을 한자로 써서 '석가모니'(釋迦牟尼)가 되었던 것이지요.

부처는 인도 북부 히말라야 산기슭에 있는 아주 작은 왕국의 태자로 태어났어요. 네 개의 신분 가운데 크샤트리아에 속한 왕자였으니, 신분이 높았지요. 태어난 곳은 룸비니라는 곳인데, 지금은 네팔이란 나라에 속해 있어요. 부처는 태어나자마자 동쪽으로 일곱 발자국을 걸은 다음 "천상천하 유아독존."이라고 했다지요. 이는 모든 사람 하나하나가 다 귀하고 존엄한 존재라는 뜻이에요. 부처는 태어나고 며칠 지나지 않아 어머

탄생불 오른손은 하늘을, 왼손은 땅을 가리키며 "천상천하 유아독존"을 외치고 있다. 이는 하늘과 땅
사이에 있는 인간 존재의 존엄성과 고귀함을 선언하는 것이다. ⓒ김나미

니가 죽는 바람에 이모의 손에서 컸어요. 왕궁 안에서 자라 이웃 왕국의 예쁜 공주와 결혼도 하고 아들도 하나 두었지요. 왕자로 태어난 싯다르타는 이 세상의 모든 것을 다 가질 수 있는 자리에 있었어요. 그렇지만 그런 것들이 마음에 평안을 주거나 행복을 주지는 않았나 봐요. 사람이 사는 데 그것이 전부가 아님을 알고 인생에 깊은 회의를 느끼게 되지요.

싯다르타 왕자가 아직 깨달음을 얻기 전에 이런 일이 있었다고 해요. 어느 봄날, 왕자는 농부들이 농사를 시작하는 축제인 농경제에 가 보았어요. 그런데 농부들이 땅을 파자 거기서 벌레가 나왔고, 곧 새가 날아와 벌레를 잡아먹었어요. 이를 보고 싯다르타 왕자는 "아, 이 세상은 서로 먹고 먹히는 비참한 곳이구나!" 하면서 슬퍼했다고 해요. 왕궁에서만 살았으니 이런 것을 볼 일이 없었겠지만, 왕자는 참으로 감수성이 풍부한 분이었나 봐요.

그 후 왕자는 또다시 왕궁을 둘러싼 성문 밖, 곧 동서남북에 있는 네 개의 문 밖으로 나가 세상을 보게 되었어요. 동쪽 문으로 나가서 늙은 노인을 보고, 남쪽 문 밖에서는 병든 사람을 보고, 서쪽 문 밖에서는 죽은 사람을 보았지요. 사람이 태어나 늙고 병들고 죽는, 생로병사의 인생 과정을 본 것이죠. 그리고 마지막으로 북문 밖에 나가서는 한 수행자를 보게되어요. 이 수행자는 인생에서 쉽게 풀 수 없는 문제를 해결하려 수행한다는 말을 했어요. 왕자는 왕궁으로 돌아와 깊은 사색에 잠겼어요. 그리고 자신도 인생의 문제를 해결하고 싶어 결국 집을 떠나기로 했어요. 이것을 출가라고 하지요. 출가는 진리를 찾거나 깨달음을 얻으려 속세와 떨어져 숲 속에 들어가 수행하는 것을 말해요.

싯다르타 왕자는 스물아홉 살 되던 해, 한밤중에 왕궁을 나와 숲 속으로 들어가 오로지 인생의 숙제를 풀기 위해 온갖 고행을 하지요. 하루 쌀한 톨만 먹고 뼈와 가죽만 남을 정도로 엄청난 고행을 했어요. 그러다 우유죽 한 그릇을 공양받아 먹은 다음 기운을 차리고 더욱 정진하였고, 결국 그날 새벽 보리수 아래서 진리를 깨닫게 되어요. 이제 싯다르타 왕자에서 진리를 깨우친 부처가 된 것이죠.

부처는 깨달음을 사람들에게 전하고 설법을 펼치면서 여기저기 다녔어요. 그러자 부처 주변에는 그의 가르침에 따라 살려는 사람들이 몰려들었고 제자도 생겼어요. 그런데 부처의 제자가 되려면 집과 가족을 떠나 같이 모여 살아야 했어요. 그러다 보니 일종의 공동체인 '승가'라는 것이 생겨났어요. 부처는 아무것도 소유하지 말고 몸과 마음의 집착을 끊어야 한다고 가르쳤어요. 그래서 삭발하고 그릇 하나만 들고 밥을 얻어 먹는 탁발을 했지요. 부처의 외동아들이었던 라훌라도 커서 승가에 들어오고 나중에는 자신을 키워 준 이모, 아버지, 부인, 친척들도 모두 부처의 제자가 되어 승가의 가족이 되었다고 해요.

부처는 제자들과 일반 재가 신

고행상 석가모니가 깨달음을 이루기 전 극한의 고행을 하는 모습을 사실적으로 나타냈다. 간다라 미술의 최고 걸작으로 꼽히는 작품이다.

보드가야 불교의 중요한 성지로, 석가모니가 이곳의 보리수 아래에서 깨달음을 얻었다고 한다.
ⓒ김나미

자들에게 자신이 깨달은 진리를 가르쳐 준 훌륭한 스승이었어요. 부처는 스스로 "나는 신이다." 또는 "신이 보내서 왔다."라고 하거나, 계시를 받은 예언자들처럼 "이것은 신의 말씀이다."라고 말한 적이 없어요. 또 자신을 신처럼 받들어 모시는 것도 원하지 않았어요. 저마다 마음을 닦는 수행을 하여 마지막에 깨달음을 얻으라는 말씀을 주셨지요. 부처께서는 돌아가시기 전에도 "내 가르침으로 너를 밝히고, 스스로 등불 삼아 자신을 밝혀라."는 말씀을 남겼지요.

삶의 문제에 해법을 제시하는 불교

불교만의 독특한 교리에는 삼법인(三法印), 사성제(四聖諦), 팔정도(八正道)라는 것이 있어요. 삼법인이란 불교의 세 가지 근본 교의예요. 일체개고(一切皆苦), 제행무상(諸行無常), 제법무아(諸法無我)죠. 일체개고란 인생이 모두 고통이라는 거예요. 제행무상은 모든 것이 생멸하고 변하니 유동적이라는 거고요. 마지막으로 제법무아란 '나'라는 것 또한 고정 불변하는 것이 아니며 실체가 없다는 거죠.

이것을 다시 정리하고 삶의 문제에 해법을 주는 것이 사성제예요. 사성제는 고(苦 고통), 집(集 집착), 멸(滅 완전히 꺼진 상태), 도(道 실천)를 말해요. '고'는 우리의 삶이 고통스럽고 불만족스럽다는 거예요. 나도 이따금 세상에 떠밀려 살다가 어느 날 문득 고요한 시간을 가지면, 삶을 회의하는 때가 있어요. '내가 왜 사는 걸까?', '내 삶에 희망은 있는 걸까?', '내 삶은 어떻게 흘러갈까?' 하는 의문을 품게 되죠. 바로 그때 화려한 겉모습이 아닌 나 자신과 세상의 참모습을 잠깐 그려 보기도 하지요. "삶은 고통이다." 하고 말할 때 부처가 의도하는 '고'는 다만 살다 보면 삶에 대한 불만이 생길 수 있다는 정도의 의미가 아니에요. 처음부터 우리의 삶 자체가 불만족하니 괴로울 수밖에 없다는 거죠.

혹시 실존주의 철학이라고 들어 본 적이 있나요? 실존주의 철학은 우리의 삶이 견딜 수 없는 불안에 놓여 있다는 자각에서 시작해요. 그리고 그 불안은 인간이 죽을 수밖에 없다는 사실을 받아들이는 데서 오지요. 죽음으로 끝나는 삶에는 아무런 의미도 목적도 없거든요. 그저 허무할 뿐이죠. 그래서 우리는 아무 의미도 목적도 없는 삶을 불안해해요. 부처는 깨달음을 얻기 전에 모든 사람이 태어나서 나이 들고 병들고 결국은 허무하게 죽을 수밖에 없는 것을 알고 충격을 받았어요. 삶에 대한 실존적 자각이 충격적으로 다가왔던 거죠. 과연 인간의 생로병사에 무슨 의미와 목적이 있을까요? 삶 자체가 고통이라는 진리를 인정할 때 우리는 헛된 집착을 버리고 삶을 좀 더 의미 있게 살 수 있을 거예요.

삶이 고통이라는 병을 확인했으면, 다음은 진단을 내려야죠. '집'은 진단으로서, 우리의 삶이 고통과 불만족으로 가득 찬 이유를 설명해요. 무언가 하고자 하는 의지, 무언가 얻고자 하는 욕망, 무언가 소유하고자 하는 집착에서 고통과 삶에 대한 불만이 생긴다고 해요. 좀 더 구체적으로는 돈, 재산, 성적, 학벌, 권력, 자존심, 명예에 대한 욕망과 집착이 있겠죠.

욕망과 집착이 우리 삶에 고통과 불만을 가져온다는 것은 우리나라의 자살률을 보면 똑똑히 알 수 있어요. 우리나라는 자살률이 매우 높아요. OECD 회원국 가운데 자살률이 가장 높지요. 실제로 2007년에는 1만 3000명이 넘는 사람이 자살했다고 해요. 또 자살은 우리나라 사망 원인의 네 번째라고도 하지요. 암, 뇌혈관, 심장질환 다음으로 높은 사망 원인이에요. 자살을 하는 이유는 여러 가지가 있겠지만, 무엇보다 삶이 불만족스럽기 때문이겠죠. 그럼 삶이 불만스러운 이유는 무엇일까요?

우리 사회는 유난히 돈, 재산, 학벌, 권력, 명예 따위를 강요해요. 이것들은 삶을 좀 더 풍요롭게 하는 데 필요한 수단이지만, 우리 사회에서는 삶의 최우선 가치가 되어 있죠. 그래서 이런 것들을 잃어버리면 살 가치가 없어졌다고 여기고 자살을 하곤 합니다. 수단일 뿐인 이런 것들이 삶

설법도 부처가 한가운데 장엄한 모습으로 앉아 가르침을 전하고, 주위에는 많은 보살들이 부처님의 가르침에 경탄하고 있다. 또 여러 보살들이 꽃을 뿌리기도 하고, 생각에 잠겨 있기도 하고, 서로 진지하게 대화를 나누기도 한다.

의 최우선 가치가 될 수 없는데도 우리는 그것들을 내 삶과 동일시하곤 하죠.

진단을 내렸으니, 다음은 처방이에요. 고집멸도의 사성제 가운데 셋째인 '멸'은 고통의 원인이 되는 욕망과 집착을 버리고 평온한 상태에 드는 거예요. 욕망과 집착, 환상을 버리면 삶의 고통과 불만족도 없어진다고 하지요. 그리하여 욕망이 일어나지 않는 상태, 불이 꺼지고 고요한 상태에 머무르는 거예요. 부처는 무엇보다 '나'에 대한 환상을 없애라고 했어요. '나'가 있기 때문에 욕망도 집착도 생기고 내가 행복할 수 있다는 헛된 믿음도 생기니까요.

마지막으로 '도'는 앞의 진단과 처방을 실현하는 수행 방법을 알려 줘요. 그것이 이른바 팔정도지요. 예컨대 바른 생각, 바른 사고, 바른 말, 바른 행위, 바른 생활, 바른 노력, 의식 집중, 정신 통일이에요.

지금까지 알아본 삼법인, 사성제, 팔정도는 불교의 근본 교리로서, 인생의 문제와 그 해결 방법을 우리에게 알려 주지요.

자아에 대한 집착을 버려야

부처의 말씀이 좀 어려울 수도 있는데, 이번에는 부처의 가르침을 현대적인 감수성으로 풀어 볼게요. 부처의 중요한 가르침 중 하나가 '무아'(無我)의 가르침이에요. 깨달음에 이르기 위해서는 '나'라고 하는 환상을 깨라고 말하지요. 부처는 자기 자신이 있다는 생각이 환상일 뿐이니 그것을 깨라고 해요.

여러분들은 모두 자신이 존재하고 있다고 생각하지요. 그런데 내가

'나'라고 부르는 것이 실제로 '나'일까요? 여러분은 몸이나 느낌, 지각, 의식, 의지 따위를 통해 내가 있다고 느낄지도 모르죠. 그러나 정말 그럴까요? 부처가 보리수 아래서 깨달은 것이 이것이에요. '나'라고 하는 것이 정말 실체로서 존재하느냐를 풀어 보니, 그것은 여러 요소들이 임시로 결합한 것에 지나지 않았어요. 그리고 이 결합 상태도 영원히 지속되는 것이 아니라 조건에 따라 생성과 소멸을 되풀이한다는 것이었어요. 그렇다면 정말 '나'는 있는 것일까요? 어쩌면 '나'는 환상이 아닐까요? 어쩌면 내가 있다고 생각하는 내 마음만 존재하는 것은 아닐까요?

또 우리는 '나'라는 관념에서 계속 뻗어 나가 '내 것'이라는 또 다른 상상의 구성물을 만들어 내요. 우리는 '나'라는 실체 없는 관념에서 시작해 '내 것', '내 생각', '내 의지' 등의 관념을 지어내지만, 부처는 이렇게 '나'를 구분하는 생각에서 만족스럽지 못한 상황이 생겨난다고 지적해요.

그래서 부처는 근거 없는 상상의 소산이자 실체 없는 관념이 만들어 낸 환상, 곧 자아에 대한 믿음(我相 자기라는 상)을 깨라고 해요. 또 자아에 대한 믿음이야말로 고통과 불만족을 낳는 조건이라고 하지요. 그래서 자아 없음의 상태에 이르는 것이 깨달음의 필수 조건이 돼요. 자아가 허구임을 알게 되면 자유로워져서 자기에게 집착하는 마음이 사라지겠죠. 여러분도 나날이 부딪치는 일상생활에서 자아가 없는 듯이 행동하기를 배워 보세요. 그럼 이제껏 살아온 삶과 전혀 다른 삶을 살게 될 거예요.

그래도 자아에 대한 믿음을 버릴 수 없어 미련이 남나요? 그렇다면 이런 비유는 어떨까요. 버스에서 짐을 짊어지고 있는 사람이 있어요. 그는

불교의 세계관 죽음의 신 야마가 집어삼킬 듯 움켜쥐고 삶의 바퀴를 돌리고 있다. 삶의 바퀴에는 육도 윤회를 나타내는 여섯 가지 세계가 묘사되어 있다. 가운데에 있는 비둘기, 뱀, 돼지는 각각 탐욕, 성냄, 어리석음을 나타낸다.

버스 기사에게 자신의 버스비만 지불하고 짐을 운반하는 값은 지불하지 않았기 때문에 짐을 내려놓을 수 없다고 생각해요. 그래서 힘들게 계속 짐을 짊어지고 있죠. 그러나 짐은 편하게 내려놓으면 그만이에요. 그런데 그 사람은 잘못된 생각 때문에 고생하는 거예요. 우리 또한 착각 속에서 자아에 대한 믿음이라는 짐을 짊어지고 다니는 것은 아닐까요? 쓸데없이 무거운 짐을 지고 힘들어하는 것이 바로 우리의 모습일지도 몰라요. 부처는 이제 그만 쓸데없는 짐을 내려놓으라고 하지요.

평화의 종교, 불교

고통스러워하는 중생들을 위해 삶의 문제에 해법을 주신 부처께서도 80세가 되어 돌아가셨으나, 부처의 가르침은 여러 사람의 입에서 입으로 전해졌지요. 그래서 마하가섭을 비롯한 여러 제자들이 세월이 더 가기 전에 이것을 정리하려고 모았어요. 이때 1차 결집이 있었지요. 결집은 모아서 묶는다는 뜻이에요. 다시 부처께서 돌아가신 지 1세기가 지난 다음에 2차 결집이 있었고, 또 2차 결집 1세기 뒤에 아소카 왕이 주재한 3차 결집이 있었어요. 이렇게 말씀을 모으고 정리해 초기 불교 경전이 탄생하게 돼요. 이후에도 불교 경전은 계속 만들어져요. 특히 중국에서 불교가 화려하게 꽃피면서 많은 경전이 나오고 또 그에 대한 해석도 다양했지요.

인도에서 불교가 가장 융성한 때는

마하가섭 아난다와 함께 부처의 최고 수제자다. 부처의 가르침을 보존하여 후세에 전하고자 결집을 주재했다.

기원전 3세기 마우리아 왕조 시절이에요. 마우리아 왕조는 인도 최초의 통일 제국이죠. 이 왕조를 세운 것은 아소카 왕이에요. 아소카 왕은 마우리아 왕조를 건설할 때 전쟁을 일으켜 수많은 사람을 살상했어요. 그의 고백에 따르면, 15만 명을 포로로 삼고 10만 명을 죽였다고 하죠. 뒤늦게 그는 생명을 파괴한 데 커다란 양심의 가책을 느꼈어요. 정복이라는 이름으로 저지른 자신의 잘못을 뼈저리게 뉘우쳤어요. 하지만 전쟁과 죽음, 포로들에 대한 생각이 계속 그를 괴롭혔어요. 결국 왕은 앞으로는 절대로 폭력을 쓰지 않겠다는 의지를 밝혀요. 그리고 불교로 개종하지요. 이후 불교는 아소카 왕의 후원을 받아 세력을 크게 확장하지요.

아소카 왕은 불교 역사상 매우 중요한 인물일 뿐 아니라 인류 역사에서 도 위대한 인물이에요. 사회 복지와 자비 같은 불교의 개념을 완성하여 칙령을 반포한 것은 그의 중요한 업적이에요. 그는 정의, 비폭력, 자비의 정신에 따라 통치를 했어요. 불교를 통치 이념으로 삼은 그의 시도는 독특한 것이었죠. 그는 백성들을 보호하고 너그러이 대했어요. 곳곳에 우물을 파고 삼사십 리마다 휴게소를 세우는 것과 같이 자비의 마음으로 사회 복지에 큰 신경을 썼죠.

또 아소카 왕은 모든 종교가 서로 화

아소카 석주 아소카 왕은 부처의 일대기와 관련 있는 곳마다 석주를 세웠다.
ⓒ김나미

목하고 협력할 것을 강조하고 그 생각을 인도 곳곳에 비석으로 새겨 놓았어요. 그 내용은 "다른 사람의 종교는 존중되어야 한다. 다른 사람의 종교를 존중함으로써 스스로 자기의 종교를 높일 수 있다."는 것이었지요. 이렇게 불교는 아소카 왕과 같은 위대한 인물이 있어 주변 지역으로 널리 전파될 수 있었어요.

불교의 전파 과정에서 특히 눈여겨볼 사실이 있는데, 바로 세계 종교 가운데 불교만이 전쟁을 하지 않았다는 것이지요. 독일의 실존주의 철학자 칼 야스퍼스(1883~1969)는 "불교는 종교라는 이름으로 다른 종교를 탄압하고 폭력을 쓰거나 종교 재판, 종교 전쟁을 일으키지 않은 유일한 종교"라고 말한 적이 있어요. 또 불교는 어느 곳으로 전파되어 가든 충돌 없이 그 나라 고유의 풍습을 그대로 껴안으며 민간으로 퍼져 나가는 융화력을 지녔답니다. 불교는 오늘날까지도 모든 생명을 존중하는 정신을 비폭력 평화 정신으로 이어 오고 있지요.

불교의 종파

수세기 동안 인도에서 전성기를 누리던 불교는 남쪽으로는 동남아시아, 동쪽으로는 중국으로 전해졌어요. 하지만 인도에서는 이슬람의 침입과 힌두교의 부흥으로 점점 쇠퇴하고 말았어요. 그리하여 이제는 탄생지인 인도에서 불교는 찾아보기 힘들게 되었죠. 그러나 전파된 지역에서는 불교가 크게 일어났어요.

전파된 불교는 크게 소승 불교와 대승 불교로 나눌 수 있어요. 대승(大乘)은 큰 수레라는 뜻이고, 소승(小乘)은 작은 수레라는 뜻이에요. 동북아시아 국가인 중국, 한국, 일본에서는 대승 불교가 아주 번성했지요. 대승 불교는 북방 불교라고도 해요. 반면 동남아시아 국가인 태국, 캄보디아, 미얀마에서는 소승 불교가 크게 번성했지요.

소승 불교는 남방 불교라고도 해요. 소승 불교라는 말은 깎아내리는 뜻이 있다고 해서 요즘은 남방 불교라 하지요. 남방 불교는 초기 불교의 형태를 유지하고 있어요. 부처 시대처럼 그릇을 들고 길거리에 나가 탁발을 하는 것 같은 거죠. 남방 불교의 찬란한 문화의 흔적을 볼 수 있는 유적으로는 캄보디아의 앙코르와트나 인도네시아의 보로부두르 같은 것이 있어요.

대승 불교는 남방 불교와 무슨 차이가 있을까요? 남방 불교가 개인 차원의 깨달음에 무게를 두는 반면, 대승 불교는 중생을 구제하는 데 큰 뜻

캄보디아의 앙코르와트
ⓒ김나미

을 두지요. 이런 대승 불교는 인도에서 불교계의 중대한 혁신으로 일어났어요. 기존 불교가 점차 사변적이고 소수 엘리트만을 위하는 것으로 되어 가자 이를 반성하여 일어난 운동이에요. 진보적인 승려들이 재가 신자들을 위해 일으킨 평신도 운동이기도 하죠. 이들 진보적인 승려들은 자신들의 불교를 대승 불교라 이르고 기존의 불교를 소승 불교라고 했어요.

대승 불교는 많은 사람이 깨달음에 이르게 하기 위해 자신을 희생하는 보살의 정신을 종교적 이상으로 삼아요. 보살은 스스로 열반에 들 수 있지만, 중생의 아픔을 자신의 아픔으로 여기는 자비의 마음을 가지고 자신의 열반을 미루고 먼저 중생을 열반으로 이끌기 위해 애쓰는 존재지요. 이는 고귀한 이타주의 정신을 보여 주는 것이에요. 이러한 보살의 행동은 우리에게 개인을 넘어 종교의 사회적 책임을 생각하게 하지요.

이후에도 불교는 끊임없이 재편되고 또 발전했어요. 삼론종, 유식종, 천태종, 화엄종, 정토종, 선종, 탄트라 불교 등으로 아주 다양하게 변주되었죠. 게다가 전래된 지역의 풍토에 따라 제가끔 성격이 다르고, 심하게는 서로 다른 교리를 낳기도 했어요.

특히 선종은 가장 파격적이죠. 선종은 중국에서 태동한 종파인데, 중국 불교의 꽃이라 일컬어져요. 선종은 불교 역사상 최고의 혁신이라 할 수 있죠. 선종의 창시자는 달마 대사예요. 달마는 520년쯤에 인도에서 중국으로 건너왔지요. 그때 중국은 이미 엘리트들에 의해 학문 불교가 화려하게 꽃을 피우고 있었어요. 양나라의 무제는 고승 달마가 왔다는 소식을 듣고 그를 궁으로 초청해요. 그리고 무제는 "나는 왕위에 오른 뒤

관세음보살 부드럽고 자비로운 관세음보살의 모습이다. 보살은 대승 불교의 이상적 인간이다.

절도 많이 세우고, 불경도 많이 필사하고, 스님도 많이 도왔는데, 이러한 공덕이 어떠하오?" 하며 고승 앞에서 자신의 공덕을 자랑하지요. 그러나 달마는 "공덕이 없다!" 하고 딱 잘라 대답해요. 이는 겉치레나 의식 중심의 불교를 비판한 것이지요.

선종은 예불 같은 종교적 의례를 중요시하는 것을 비판하고, 나아가 교리 자체나 학문적인 탐구도 중요하게 여기지 않아요. 경전 연구의 경우에도 문자에 매달리면 깨달음에 도움이 되지 않는다는 것이죠. 그래서 '문자에 집착하지 말라'(不立文字)는 말도 나왔지요. 이렇게 선종은 형식적인 요소와 체계화된 교리를 넘어서는 경지를 보여 줘요.

더하여 선종에서는 "부처를 만나면 부처를 죽이고, 조사(선종의 가르침을 펼친 큰 스승)를 만나면 조사를 죽여라." 하고 말해요. 이것은 매우 놀라운 발언이죠. 오직 깨달음에만 정진하며 깨달음에 방해가 된다면 부처마저도 죽일 준비가 되어 있어야 한다는 거예요. 선종은 이 정도로 치열하게 수행을 강조하는 정신을 가지고 있어서 중국 불교의 최고봉으로 평가받는답니다. 오늘날 선종은 믿음을 강요하는 종교에 싫증을 느끼는 미국인과 유럽인들에게 크게 관심을 끌고 있지요.

김명국의 〈달마도〉 흔히 선가에선 깨달음의 상징으로 달마도를 그린다. 달마의 모습 자체를 그린다기보다는 선종의 정신과 기개를 전하는 데 중점을 둔다.

오늘날 산업 사회는 경제 성장과 번영, 쾌락의 극대화를 추구해요. 산업 사회는 무한한 경제 성장을 바탕으로 우리에게 더 많은 것을 소유하게 하고 영원한 쾌락을 주겠다고 약속하지요. 그렇지만 이런 산업 사회는 우리에게 무척이나 피곤한 삶을 강요해요. 더 많은 것을 차지하기 위해 무한 경쟁으로 내모는 것이 산업 사회지요.

그런데 불교가 강조하는 가치는 이런 산업 사회의 가치와는 매우 대비돼요. 불교는 우리가 소중하게 생각하는 삶의 가치나 쾌락이 어느 순간 허망하게 지나가 버릴 거라고 말하거든요. 또 우리 사회가 추구하는 영원한 성장과 번영, 최대한의 쾌락 따위는 처음부터 없다고 하지요. 그래서 불교는 많은 것을 소유하고 쾌락의 극대화를 위해 무한 경쟁으로 내모는 삶 자체를 반대해요. 그 대신 불교는 산업 사회의 소유 지향에 맞서 아름다운 '무소유'의 삶을 제안하지요. 무소유의 삶이란 쾌락을 추구하는 욕심을 버리거나 마음을 비우고 적게 소비하는 삶을 산다는 뜻이지요. 이러한 불교의 가르침은 현대 사회에서 대안적 가치와 대안적 삶을

명상하는 미국인들 불교는 끊임없이 앞으로만 내닫는 현대 사회에 대안적 가치를 제시한다. 캘리포니아의 한 불교 명상 센터에 모여든 미국인들의 모습이다. ⓒ김나미

제시하는 것으로 주목받아요. 또 불교는 지나친 경쟁의 삶에 지친 이들에게 많은 위로를 주고 있지요.

그래서 그런지 불교는 이제 세계적인 종교로 나아가는 추세예요. 기독교만 알던 서양 사람들에게 불교가 참 신선하게 느껴지는지 요즘 서양에서는 불교를 공부하는 사람들이 많아지고 있어요. 불교 사찰도 늘어 가는 추세지요. 특히 서양인들은 독특한 불교식 명상을 좋아하는 것 같아요. 프랑스는 천주교인이 많은 나라인데 불교가 세 번째로 신자가 많은 종교가 됐대요. 교회나 성당을 다니던 사람들에겐 정말 색다른 체험인가 봐요.

불교를 세계인에게 소개한 분으로 우리나라의 숭산 스님을 꼽을 수 있어요. 숭산 스님의 제자가 되어 출가한 미국인과 유럽인도 꽤 있다고 해요. 하버드 대학을 나온 현각 스님은 미국인으로,『하버드에서 화계사까지』라는 책을 써서 우리나라에서 베스트셀러가 되었지요. 현각 스님을 우리나라의 사찰 화계사로 이끈 분이 바로 숭산 스님이에요. 숭산 스님은 미국을 비롯하여 세계 여러 곳에 한국 불교를 소개해 가는 곳마다 파장을 일으켰어요. 숭산 스님은 선불교의 높은 경지를 대중이 알아들을 수 있는 쉬운 언어로 설파해 호응을 얻었지요. 그리고 역대 선종 스승들이 그러했던 것처럼 "부처님 머리에 재를 떨어라." 하는 특유의 직설적이고 도전적인 형식으로 진리를 전했어요. 1972년 미국에 선 센터를 연 것을 비롯해 캐나다, 영국, 프랑스, 에스파냐, 폴란드 등 전 세계 35개국에 50여 개의 선 센터를 세워 운영한 숭산 스님은 화계사에 큰스님으로 계시다가 2004년 열반에 드셨지요. 숭산 스님은 이렇게 유럽과 미국에

숭산 스님의 제자와 선 센터
숭산 스님의 제자인 심리치
료사 제프와 그가 운영하는
선 센터 ⓒ김나미

불교를 많이 소개하였으며, 세계적으로 위대한 스님 가운데 한 분으로 존
경받고 있답니다.

한편, 오늘날 유럽과 미국에 불교를 널리 알린 데에는 숭산 스님 말고
도 달라이 라마와 틱낫한 스님의 역할이 무척 컸어요. 이들은 모두 현대
의 위대한 스승으로 존경받는 인물인데, 특히 달라이 라마는 불교의 큰
스승으로 국제적 명성이 매우 높지요. 그는 미국과 유럽에서 불교의 상
징으로 유명해요. 나는 달라이 라마의 책을 읽고 불교식 명상을 하거나
모임을 만들어 불교 경전을 공부하는 서양인들을 꽤 많이 보았어요.

달라이 라마의 고국은 티베트예요. 티베트는 전 국민이 모두 불교 신
자이고, 달라이 라마는 나라를 대표하는 지도자였어요. 그런데 1950년
중국이 티베트를 침공해서 인도로 망명해 58년째 임시 정부에서 살고
있어요. 달라이 라마는 티베트를 침공한 중국에 맞서 무력이나 폭력을
쓰지 않고 간디처럼 평화롭게 저항을 하고 있어요. 그리고 해외로 다니

면서 서양 사람들에게 티베트의 독립을 호소하며 불교를 전파하지요.

틱낫한 스님은 불교 사상의 사회적 실천을 강조해 '참여 불교의 주창자'이자 '인류의 영적 스승'으로 일컬어져요. 스님은 이렇게 말해요.

"먹고 마시고 걷는 우리의 모든 일상생활은 언제나 세계의 상황을 염두에 두고 이루어져야 한다. 명상은 사물에 대해 깊게 알게 하고, 어떻게 해야 우리가 변화할 수 있으며, 어떻게 해야 이 상황을 변모시킬 수 있는지를 알게 해 준다."

이 말처럼 틱낫한 스님은 명상을 통한 실천적 사회 운동을 활발하게 펼치고 전쟁을 반대하는 평화 운동을 일으켰어요. 특히 베트남 전쟁 때 힘없는 베트남 사람들의 고통을 알리기 위해 미국 여러 지역을 돌아다니며 전쟁을 반대하는 평화 운동을 전개해서 국제적인 인물로 떠올랐어요. 또 불교의 명상법을 일상생활과 연결해 쉽고 재미있게 풀어 쓴 많은 저서를 펴내기도 했어요. 틱낫한 스님은 오늘날 '평화를 노래하는 살아 있는 부처'라 일컬어진답니다.

달라이 라마의 최근 모습과 서점에 진열된 달라이 라마의 책들 ⓒ김나미

8

한국인의 정신적 뿌리, 유교

간혹 사람들이 "유교도 종교인가요?" 하고 묻기도 하는데, 나는 대답을 못해요. 일부에서는 유교를 생활 철학이라고도 하고 윤리 규범이라고도 하지요. 유교의 몇몇 가르침은 동북아시아 국가의 사상과 정신, 그리고 일상생활에까지 큰 영향력을 미쳤고, 그것은 오늘날까지 계속되고 있죠. 유교는 기원전 5세기부터 지금까지 2500년이라는 긴 역사를 가지고 있지만 중국, 일본, 한국을 비롯한 동북아시아에서만 볼 수 있고 널리 전파되지 않아 세계적인 종교라고 할 수는 없어요. 또 공자의 사상을 바탕으로 한 성리학 또한 일종의 학문이나 철학 사상이라 말하는 사람도 있어요. 그래서 유교를 학파를 지칭하는 유가(儒家)라 하거나, 단순한 학문이라는 뜻에서 유학(儒學)이라고도 하지요. 종교학에서는 아직 유교가 종교인지 아닌지 결정을 못 내린 상태랍니다.

공자의 가르침

유교의 창시자인 공자는 2500여 년 전쯤 중국 산동성 곡부에서 탄생했어요. 그는 중국이 한창 어지럽던 춘추 시대 말기 잃어버린 질서를 회복하고자 인간 중심 사상을 폈던 훌륭한 스승이지요. 공자는 세상을 두루 돌아다니며 70여 명의 임금과 제후를 만나서 자신의 뜻을 펼치려 했어요. 그러나 공자의 제안은 왕들에게 거절당하고 결국 말년에는 고향으로 돌아와 제자들을 키워 내는 학교를 열었지요. 그 덕분에 후대에 맹자와 같은 걸출한 제자들이 많이 나와 공자의 가르침을 더욱 빛내 주었어요.

공자의 말씀을 기록한 논어의 핵심 내용 하나를 말한다면 인(仁)이라고 할 수 있어요. '인'이란 낱말은 논어에 51번 나오는데 상황에 따라 뜻

공자 공자는 최초로 학교를 열어 제자를 가르친 훌륭한 교육자였다

이 다르게 쓰여요. 따라서 한마디로 정의하기가 어렵지요. 그러나 기본적으로 인은 '어질다'는 뜻이에요. 여러 가지 뜻이 있다지만 대체로 우리가 쓰는 사랑으로 번역해도 좋고, 사람을 대하는 어진 마음가짐이라 해도 괜찮을 거예요.

인의 중요한 첫째 덕목이 바로 효예요. 효는 부모를 공경하는 것이지요. 따라서 효도를 다하는 차원에서 조상을 받들어 지내는 제사가 유교의 중요한 전통이 되었어요. 조상에게 제사를 모시는 것이 유교의 종교적 특징으로 곧잘 언급되지요. 제사는 한국에서 지금까지도 중요하게 이어져 오고 있지요.

효 말고도 공자는 사람과 사람 사이에 어떻게 행동하는 것이 가장 이상적인가에 대해서 많은 말씀을 남겼어요. 친구 간에 믿음이 있어야 하고, 어른과 아이 사이에는 질서가 있어야 하며, 신하는 군주에게 충성해야 한다는 것을 말했지요.

그런데 공자는 현실을 넘어서는 것에 대해서는 말하지 않았어요. 논어를 보면 "삶도 다 모르는데, 어찌 죽음을 알겠느냐? 사람도 다 모르는데,

어찌 귀신을 알겠느냐?"라는 말이 나와요. 이 말은 유교의 현실적인 성격을 드러내지요. 이렇듯 유교에는 사후 세계에 대한 결정적인 대답이 없어요. 공자는 신이나 죽음, 초자연적인 것들에 대해서 가르치지 않았지요.

성리학의 혁신

유교의 가르침은 중국 송나라 때에 이르러 성리학으로 다시 태어나게 돼요. 유교 부흥 운동을 일으켜 성리학이란 사상의 탄생에 큰 공헌을 한 사람이 주자예요. 성리학은 불교와 도교에서 여러 개념을 빌려 와 유교를 혁신하고 재해석했어요. 개인의 수양 차원에서는 불교를, 우주론에서는 도교의 개념을 빌려 와 재해석했지요. 그래서 성리학은 불교와 도교의 장점을 흡수하고, 마침내 불교와 도교를 대체하는 강력한 사상이 되었어요. 예를 들어 『대학』에서는 "수신, 제가, 치국, 평천하"라고 하지요. 자신을 다스리는 데서 시작해서 집안, 그리고 국가까지 그 차원을 넓혀 나가요. 이는 유교의 사회 철학 안에 불교의 수행을 흡수한 것이에요. 수양은 개인 차원에 머무를 것이 아니라 사회까지 범위를 확대해 나가야 한다는 생각으로, 더 큰 의미를 부여한 것이죠.

성리학의 핵심은 윤리로서 예(禮)의 본래성을 되찾는 한편 그것을 우주론의 체계 속에 자리 잡게 하는 것이에요. 쉽게 말해 인간 사이의 신분 질서인 예를 우주의 질서 속으로 넣어 공고하게 만드는 것이죠. 그러기 위해 성리학은 도교의 우주론을 빌려 왔어요. 무극, 태극, 음양, 도, 기, 천 같은 도교 우주론의 개념을 재해석하고 정교하게 발전시키기 시작했지요. 마침내 성리학은 '리'(理)라는 개념을 만들어 세상을 '기'(氣)와 함께 이원론적으로 설명하는 데까지 나아가게 돼요.

성리학은 물질의 기본 구성요소인 '기'의 바탕에는 '리'라는 근본 질서가 있다고 설명했지요. 그리고 우주의 질서인 '리'가 사람 사이에서는 삼강오륜(三綱五倫) 같은 유교의 신분 질서가 된다고 말하지요. 이렇게 성리학은 유교의 윤리를 거대한 우주론의 체계 속에 자리 잡게 했어요. 따라서 유교의 윤리는 단순히 인간 사이의 신분 질서가 아니라 우주의 질서로 정당화된 것이지요.

우리나라의 유교

우리나라는 4세기 즈음에 중국에서 유교가 들어왔다고 해요. 불교가 들어온 시기와 비슷하죠. 삼국 시대부터 고려 시대까지는 불교가 번성했어요. 그러나 불교가 번성할 때도 유교는 국가를 운영하는 철학이자 생활 윤리로서 명맥을 유지했어요. 그러다 조선 시대에 이르러 중국의 성리학을 국가의 통치 이념으로 받아들여 유교가 크게 일어나게 되었어요.

성리학은 고려 말에 들어왔지요. 고려 말에 불교가 겉치레를 중시하는 쪽으로 흘러가고 승려가 권력을 휘두르는 것과 같은 여러 폐해가 생기

자, 조선 초기 대신들은 불교를 비판하고 성리학을 국가의 정식 통치 이념으로 채택하게 되었어요. 조선 성리학은 중국 성리학에서 한 발 더 나아가 우주의 원리와 인간의 심성에 대한 연구를 매우 정교하게 발전시켰어요. 이황과 이이 같은 대학자를 낳아, 때로 성리학의 본토인 중국보다 더 화려하게 꽃을 피웠다고 평가받기도 하지요.

삼강행실도 조선 시대에는 충신, 효자, 열녀 이야기를 글과 그림으로 담아 유교 덕목을 널리 보급했다.

동아시아 사회에서는 대체로 샤머니즘과 유교, 불교, 도교가 함께 존재해 왔는데, 조선 시대에는 나라 곳곳에 향교나 서원이 세워져 유교가 학문과 생활의 중심이 되었어요. 서원은 조선 시대 사람들이 성리학을 공부하던 곳이에요. 대표적인 서원으로 퇴계 이황이 설립한 안동의 도산서원을 들 수 있어요. 지금은 백성을 교

도산서원 퇴계 이황이 직접 설계해 지었다는 도산서원은 한국 성리학의 본산지였다. ⓒ김나미

석전대전 서울 성균관에서는 공자의 탄생일에 제사를 올린다. ©김나미

화하거나 교육 기능을 수행하지는 않고 옛 문헌을 보관하고 있지요. 요즘은 서원이나 향교는 유적지로만 남아 있는 것이 대부분이에요. 서울 명륜동 성균관 대학 안에 있는 성균관은 우리나라 유교의 본산이에요. 여기서는 해마다 공자의 탄생일에 맞춰 그를 기리는 석전대전이라는 의식을 치르지요.

유교는 어느 나라보다도 한국에서 깊이 뿌리를 내렸어요. 이른바 삼강

오륜의 윤리는 중국보다 우리나라에서 오랫동안 사회의 기본 윤리로 존중되어 왔고, 지금도 우리의 일상생활 곳곳에 깊숙이 스며들어 있지요. 그렇지만 종교적인 성격은 약하다고 할 수 있어요. 어떤 집에서도 공자의 동상을 모셔 놓고 절을 하거나 기도를 올리는 것을 본 적은 없거든요. 또 종교가 뭐냐고 물었을 때 "난 유교 신자예요." 하고 말하는 사람도 없어요.

그러나 우리나라 사람이라면 누구나 성장하면서 유교 관습에 젖게 되고, 나중에 다른 종교를 택해서 믿는다 해도 기본적으로 유교적 성향을 다 갖고 있어요. 내가 존경하는 어느 목사님도 그래요. 그 목사님은 유학자 집안에서 태어나 어릴 적부터 엄격한 가정교육을 받고 서당에도 다녔다고 해요. 커서 신학을 공부해 목사가 되었지만, 여전히 그때의 습관이 강하게 남아 있어서 교회에서도 노인을 공경하는 것과 관혼상제 지키는 것을 매우 중요하게 여겨요. 그뿐만 아니라 설교를 하다가 공자의 말을 인용하기도 하지요. 이렇듯 우리나라 사람들은 어떤 종교를 택해서 믿는다 해도 바탕에 유교적 성향을 갖고 있지요.

사막의 종교와 논밭의 종교

종교학에서는 종교를 분류할 때 대체로 몇몇 기준을 두고 있어요. 예를 들면 유목문화 종교와 농경문화 종교, 자력 종교와 타력 종교, 자연 종교와 계시 종교, 신본주의 종교와 인본주의 종교 등과 같이 구분해요. 먼저 문화의 유형으로 종교를 나누는 경우를 살펴봐요.

　종교를 문화적으로 분류할 때 흔히 유목문화 종교와 농경문화 종교로 나누어요. 중동에서 탄생한 조로아스터교, 유대교, 기독교, 이슬람교는 사막의 종교라고 할 만큼 유목민의 문화가 강하고, 힌두교, 불교, 유교, 도교는 농경문화의 요소가 많아요.

　유목민은 한 곳에 정착하지 않고 말이나 낙타를 타고 여기 저기 이동하면서 사는 특성이 있어요. 땅이 대부분 사막이라 목초지나 물을 찾아 움직이는 활동 범위가 넓을 수밖에 없어요. 생활필수품도 거의 대부분 말과 양 같은 가축에 의존해요. 고기와 젖은 식량으로 이용하고, 털과 가죽은 의류를 만들고, 뼈는 각종 도구의 재료로 삼지요. 중동 지역은 농사짓기에 적절하지 않아 생산성이 없는 거친 땅이에요. 따라서 생존을 위해 여러 지역으로 이동을 하거나 정벌을 해서 남의 생산물을 손에 넣는 식으로 살았지요.

　또 유목문화는 대부분 철저한 부계사회예요. 부족장이 있어서 집단을 통치하는 지배 종속 관계도 엄밀했지요. 침략과 정벌을 일상으로 하는 이런 사회에서는 언제 어떤 위험에 처할지 모르니 자신과 부족, 또 가축을 보호하기 위해서라도 막강한 힘을 가진 신이 필요했어요.

　흥미로운 사실은 유목문화의 신은 유목민을 많이 닮았다는 거예요. 이는 구약 성경을 보아도 잘 드러나지요. 구약 성경의 야훼 하나님은 무서운 신이에요. 혼을 내고 벌을 주는 것은 물론이고, 심지어 불로 태워 버리고 물로 쓸어 버리고 하지요. 나는 어렸을 때 구약 성경을 읽다가 야훼 하나님이 너무 무서

워서 겁을 잔뜩 먹었던 기억이 있어요.

　이렇게 유목문화가 말과 양을 가축으로 하고 육식을 주로 했던 것에 반해, 농경문화는 농사를 돕는 소가 중시되고 쌀을 주식으로 한다는 차이가 있어요. 농경문화의 삶은 땅을 터전으로 정착해서 살다보니 생활이 비교적 안정적이에요. 또 모계 중심의 사회이기도 했지요. 농사를 짓고 사는 농경민들은 봄에 씨 뿌리고 여름에 가꾸고 가을에 추수하고 겨울에 다음 해를 준비하는 등 자연의 순환을 따라 순응하고 살았어요. 그래서 식물의 생장과 결실을 있게 하는 계절의 변화, 또는 자연의 순환 과정을 관찰하는 데서부터 동양 사상이 나왔다고도 하지요. 그만큼 농경문화는 자연과 친숙하고 자연의 이치에 순응하는 태도를 지녔어요. 대체로 농경문화에서 나온 유교, 불교, 도교, 자이나교, 힌두교와 같은 종교는 자연과 생명을 소중히 여기는 특성이 있어요.

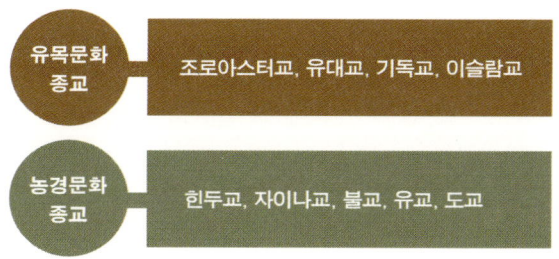

유목문화 종교 　조로아스터교, 유대교, 기독교, 이슬람교

농경문화 종교 　힌두교, 자이나교, 불교, 유교, 도교

　그러면 계시 종교와 자연 종교는 어떻게 구분할까요? 먼저 계시 종교는 절대자인 신에게 계시를 받은 예언자가 필요하지요. 예언자가 신과 인간의 중간에서 매개한다는 점이 계시 종교의 기본적인 특징이에요. 조로아스터교, 유대교, 기독교, 이슬람교가 그 전형이에요. 반면 자연 종교는 인간의 이성이나 통찰, 직관으로 스스로 깨우침을 중시하는 종교예요. 대체로 동양 종교가 그러하지요. 동양 종교는 인간의 마음과 우주, 또는 대자연의 관찰에서 나온 것들이 대부분이지요.

　그 밖에 신본주의 종교는 신을 중심으로 하고, 인본주의 종교는 사람을 중심으로 하는 특성이 있어요. ✳

Ⅲ

이 장은 종교에 대한 더 깊은 이해를 위해 준비했어요. 여기서는 종교의 바다를 헤엄치며 종교의 기원, 종교의 본질, 종교의 특징에 대해 알아보게 되지요. 종교를 보는 다양한 시각이 공존하고 있는 오늘날, 우리가 종교에 대해 어떤 태도를 지녀야 하는지 고민해 보아요. 그 고민이 독자 여러분을 더 성숙한 종교인으로 만들게 되기를 기대합니다.

종교란

    무엇인가요?

1

종교는 어떻게
시작되었을까요?

인류 역사에 종교가 없던 시대는 없을 정도로 인류는 종교와 함께해 왔어요. 선사 시대의 동굴 벽화나 무덤, 집단 주거지 등에서도 종교 행위를 했던 흔적을 볼 수 있지요. 문자로 된 기록은 없어도 암벽의 벽화나 남겨진 유물들을 통해 알 수 있어요. 또 고고학자들이 발견한 네안데르탈인의 주거지와 무덤을 살펴보면 이들에게 강한 내세관이 있었다고 해요. 이것으로 미루어 보면 종교가 매우 오래전부터 있었다는 것을 짐작할 수 있죠.

그렇다면 종교는 처음 어떻게 해서 생겨나게 된 것일까요? 이에 대한 대답이 19세기 서양에서 활발하게 이루어졌어요. 19세기에 종교학이란 학문이 태동하면서 종교의 기원에 대해 많은 연구가 있었죠. 당시 서구 학자들은 식민지 확장과 더불어 세계 곳곳으로 나가 인류 문화를 탐사하면서 가장 근본적인 종교 행위와 관습을 다양하게 연구했어요. 사회학과 인류학이 커다란 발전을 이루던 이 시기에 학자들은 종교가 사회에서 중요한 역할을 하고 있다는 것을 알게 되었어요. 나아가 심리학의 발전도 종교학의 태동에 한몫을 했지요.

종교학이 학문으로 정립될 수 있었던 데에는 몇 가지 이유가 더 있었어요. 먼저 다윈의 진화론으로 창조론에 뿌리를 둔 기독교가 도전을 받게 된 것도 그 하나예요. 또 다른 이유는 동양의 종교가 잇따라 서양에 소개된 것이지요. 종교라고는 오직 기독교 하나뿐이었던 유럽에서 동양의 종교는 다른 종교의 세계에 눈을 뜨게 했고, 이는 종교학이라는 학문의 발전을 자극했지요. 이런 여러 가지 자극을 받아 탄생한 종교학은 종교의 기원에 대해 다양한 답변을 내놓았어요.

어떤 학자는 종교가 초자연적인 힘을 숭배하는 것에서 시작되었다고 하고, 어떤 이는 정령을 숭배하는 애니미즘이 종교의 기원이라고 하고, 또 어떤 학자는 동물을 숭상하는 토테미즘에서 종교가 나왔다고도 했지요. 그런가 하면 어떤 학자는 원시 문화의 특징인 주술에서 시작되었다고 하고, 다른 학자는 조상 숭배에서부터 시작되었다고 하며 매우 활발한 주장을 펼쳤지요.

이처럼 종교의 기원에 대해서는 다양한 주장이 있지만, 대체로 두 가지 방법으로 접근해 볼 수 있어요. 하나는 인간의 심리 구조에서 종교의 기원을 찾는 방식이고, 다른 하나는 사회 구조나 역사를 통해 종교의 기원을 찾는 방식이지요. 그럼 다양한 종교 기원설에 대해 좀 더 이야기해 볼게요.

종교의 기원에 대한 다양한 학설

먼저, 애니미즘(정령 숭배)이 종교의 기원이라고 보는 학설부터 볼까요? 원시인들은 나무, 바위를 비롯한 모든 자연물에서 신적인 힘을 느꼈나 봐요. 사계절이 바뀌고 날씨가 변하고 나무가 자라고 꽃이 피고 하는 이 모든 자연현상에 신이 깃들어 있다고 믿었어요. 오늘날 사람들도 다양한 자연현상을 신비롭게 바라보기는 마찬가지니, 옛날 사람들이 설명하기 어려운 모든 생명 활동의 바탕에 초월적인 힘이 있다고 믿은 것도 당연한 일이겠지요.

모든 생명 활동의 바탕에 있는 초자연적인 힘을 아니마(anima, 정령)라고 해요. 영국의 인류학자 타일러(1832~1917)는 종교는 모든 사물에 아니마가 있다고 믿는 것에서 출발했다고 주장했지요. 다시 말해 돌이나 나무와 같은 모든 자연물에 아니마라는 것이 있다고 믿었고, 이것이 점차 초월적인 힘으로 숭배된 데에서 종교가 시작되었다는 것이 타일러의 주장이에요.

또 당시의 학자들은 대부분 종교가 다신교에서 일신 숭배로 나아갔다고 설명했어요. 그것을 무엇이라 하든 일반적으로 자연현상과 사물에 깃든 초자연적인 힘에 대한 신앙에서 출발하여 애니미즘으로 전개되고, 다시 차츰 세상을 다스리는 여러 종류의 신이 있다고 믿는 다신교의 단계로 이어지고, 마지막으로 여러 신 가운데 가장 강력한 신만이 두드러져 최고신의 모습으로 나타났다고 설명하지요. 그리고 이것이 심화되어 유일신교로 전개되어 나갔다는 주장이에요.

애니미즘 ➤ 다신교 ➤ 최고신 부상 ➤ 유일신

그런데 이 진화론의 도식을 반박하고 나온 학자가 있었어요. 독일의 인류학자 빌헬름 슈미트(1868~1954)는 유일신교의 특징인 최고신을 설정하는 것은 원시 사회에서도 이미 있었다는 점을 방대한 자료를 통해 밝혔어요. 유일신교는 원시 시대부터 전 인류에게서 보편적으로 나타난다는 것이지요. 그래서 진화론적 가설은 무너지게 되고 말았지요.

다음, 토테미즘이 종교의 기원이라고 보는 학설도 있어요. 토템이란 말은 원래 북아메리카 원주민들이 쓰던 거예요. 그들은 자신들과 가장 관계가 깊은 동물을 숭배했지요. 때로는 자기 부족을 지켜 주는 동물을 정하여 수호신으로 받들기도 했어요. 예를 들어 어떤 부족은 곰을 숭배하고 해치지 않았어요. 그 이유는 곰이 자신들의 조상이라고 믿었기 때문이에요. 프랑스의 사회학자 뒤르켕은 특정 동물이나 자연물로 상징을 삼는 토테미즘에서 종교의 기원을 찾은 사람이에요. 우리나라의 단군 신화에 나오는 호랑이와 곰도 토테미즘을 상징적으로 보여 주고 있지요.

자연 숭배에서 종교의 기원을 찾기도

애니미즘과 토테미즘 말고 우주와 자연현상의 숭배에서 종교의 기원을 찾는 논의도 있어요. 종교에서 '신' 또는 '하나님'과 같이 절대자로 일컬어지는 존재들은 원래 해, 달, 별, 바람, 천둥, 벼락 같은 놀라운 자연현상의 배후에 있는 것을 상징화한 것이라는 주장이지요.

아주 옛날부터 사람은 자연과 함께 살아왔어요. 자연의 힘은 언제나 사람의 힘으로는 맞설 수 없는 막강한 것이었지요. 우리는 살면서 거대한 자연의 힘 앞에서 공경과 함께 두려움을 느끼게 되지요. 때때로 하늘이 비를 내려 주고 태양이 있어서 식물에게 빛을 주어 자라게 하는 것을 보면 천지자연의 조화에 경외감이 생기기도 해요. 더 큰 경외감은 자연재해를 당했을 때에 일어나지요. 가물어 비가 오지 않거나, 때로 비가 너무 많이 와 홍수로 피해를 입거나, 또는 지진이 일어나 땅이 흔들리고 갈라질 때, 사람들은 자신의 힘으로 어찌할 수 없는 위대한 자연의 힘 앞에 저절로 고개를 숙이게 돼요. 그리하여 인간의 왜소함을 느끼고 막강한 자연의 힘을 경외하게 되지요.

이런 자연의 위대함을 깨달은 인류의 조상들은 우주나 천체, 자연현상, 또는 자연물을 숭배하게 되었어요. 천체에서는 하늘, 태양, 달, 별 같은 것을 숭배했고, 자연현상에서는 번개, 천둥, 바람 같은 것을 숭배했으며, 자연물에서는 산, 바위, 물, 나무나 곰, 독수리 같은 동물을 숭배했어요. 이것들에 대한 숭배가 좀 더 체계적으로 발전하여 제사나 의례를 지내는 등 신령한 존재에 대한 고도의 종교 행위가 되었다는 것이 자연 숭배 이론이에요. 하늘 어딘가에, 아니면 모든 자연물이나 자연현상의 배후에 막강한 힘을 가진 어떤 존재가 있다고 믿게 되었고, 자연히 그 존재가 이 세상 만물을 다스린다고 여겼을 거예요. 그리고 그것이 점점 인격화되어 신이란 이름으로 정의되었겠지요.

이렇듯 자연 숭배 이론은 자연현상 배후에 있는 무한한 힘을 인식한 데서 종교가 시작되었다고 보아요. 또 자연의 힘을 숭배한 것에서 출발해 차츰 절대자인 신의 존재와 상상의 유토피아까지 출현시켰다고 보지요.

자연 숭배 이론을 대표하는 학자는 '종교학의 아버지'로 추앙받는 막스 뮐러예요. 그는 자연현상의 배후에 있는 초월적인 힘을 인간이 인식하기 시작한 데서 종교가 시작되었고, 자연의 위대한 힘을 의인화해 숭배한 것에서 '신'이란 개념이 나왔다고 했지요.

샤머니즘에서 종교의 기원을 찾기도

샤머니즘에서 종교의 기원을 찾는 견해도 있어요. 샤먼(무당, 주술사)은 사람과 하늘을 매개하는 능력을 가졌다고 하지요. 이들은 그러한 능력으로 하늘에 제사를 지내고, 병을 치료하고, 예언을 하는 것과 같은 일을 해요. 샤먼은 초월적인 힘과 사람을 잇는 중개인으로서 사람들이 원하는 바를 그들 대신 하늘에 전했어요. 또 사람이 병들면 병을 낫게 하려고 악령을 쫓는 주문을 외우기도 했어요. 지금은 사라졌지만 100년 전까지만 해도 아메리카 원주민에게서 이를 볼 수 있었지요. 옛 아메리카 원주민들의 생활을 보면, 대체로 추장이 신령스런 큰 힘을 가지고 병자들을 치료해 준 것을 알 수 있어요. 아프면 몸에 악령이 들어와 병이 생겼다고 보고 주술을 걸어 병자를 치료했지요. 이런 의사 역할뿐만 아니라 이들은 별과 달의 움직임이나 하늘과 땅의 기운을 보고 개인과 부족의 길흉화복을 예언해 주는 점술가 역할도 했어요.

나아가 이들은 이런 영험한 능력으로 집단의 우두머리 역할도 했어요. 고대는 전반적으로 제정일치의 사회였거든요. 샤먼인 제사장이 지위가 높은 정치적인 지도자로서 부족의 통치를 담당하면서 하늘에 올리는 제식의 의례도 도맡아 했지요. 우리나라의 고조선도 제정일치 국가였으며, 이런 형태는 어느 지역에서나 볼 수 있어요.

샤먼

지금까지 대표적인 종교 기원설을 살펴보았어요. 그런데 이런 다양한 종교 기원 이론은 어느 정도는 수긍이 가지만 완벽한 정답이라고 할 수는 없어요. 종교라는 것이 워낙 복잡해서 딱 잡아서 어느 하나만으로 설명할 수 없으니까요. 또 이러한 종교 기원설들은 그 이론을 뒷받침하는 자료가 충분하지 않다는 한계가 있어요.

그렇다고 종교 기원설이 쓸모 없는

것은 아니에요. 자연 숭배, 애니미즘, 토테미즘, 샤머니즘과 같은 요소들은 오늘날에도 여러 종교 현상 속에 여전히 살아 있거든요. 또 이들 다양한 종교 기원설은 종교를 연구하는 방법과 종교 용어를 정착시키고, 종교가 가진 다양한 의미를 설명해 주는 데 큰 기여를 했어요.

오늘날 종교학계는 종교의 기원을 찾는 일을 그만두고, 관찰할 수 있는 종교 현상을 정확히 서술하는 데 힘을 쏟아요. 종교를 연구한다는 것은 곧 인간 행위에 따른 현상을 연구하는 것이기도 하니까요. 나아가 종교의 상징과 의미를 언어나 문화와 연결시켜서 분석하기도 해요. 다음 글에서는 여기서 다진 기초를 바탕으로 좀 더 깊이 있게 종교의 본질에 대해 생각해 봅시다.

2

종교의 본질은

무엇인가요?

19세기에 종교학이 태동한 뒤부터 종교의 기원뿐만 아니라 종교의 본질에 대해서도 다양한 논의가 펼쳐졌어요. 종교는 가장 궁극적으로 우리의 인생 문제에 대한 길을 알려 준다고 하지요. 또 종교는 죽음의 문제에 해결의 실마리를 주거나, 성스러움으로 삶에 의미를 부여하거나, 때로 영적인 체험으로 사람을 거듭나게 하는 것일 수도 있겠지요. 종교의 본질에 관해 참으로 다양하고도 방대한 논의가 전개되어 왔지만, 여기서는 몇 가지 견해만 살펴 보아요.

거룩한 것에 대한 신비와 두려움, 그리고 매혹

독일의 종교학자인 루돌프 오토(1868~1937)는 종교란 근본적으로 성스럽고 거룩한 것에 대한 체험이라고 했어요. 사람이 피조물로서 절대자와 만나는 체험이야말로 종교의 본질이고, 이러한 체험은 떨리고 신비롭고 매혹적이라고 했지요. 그는 『성스러움의 의미』(1917)라는 책에서 종교란 '누미노제'(numinose)의 체험이라고 말했어요. 누미노제를 우리말로 옮기면 '경외감' 정도가 될 거예요. 누미노제란 절대적이고 초자연적인 것 앞에서 피조물이 느끼는 성스럽고 거룩한 것에 대한 체험이지요. 오토는 이 체험을 세 단어로 표현했어요. 신비, 두려움, 매혹!

이러한 누미노제 체험은 성경에서 볼 수 있는데, 한 가지 예를 들어 볼게요. 출애굽기 3장, 야훼가 나타났을 때 모세가 보인 행동을 살펴봅시다. 어느 날 모세가 호렙 산에서 양 떼를 치고 있었는데, 나무가 갑자기 불타는 것을 보게 돼요. 그런데 불이 일어나는데도 나무는 타지 않는 거예요. 모세를 부르는 야훼의 목소리가 들리자 모세는 뵙기가 두려워 얼

모세에게 불로 나타난 야훼

굴을 가렸다고 해요. 그러나 큰 두려움을 느끼면서도 야훼의 부름에 모세는 어쩔 수 없이 끌리는 강한 힘을 느꼈을 거예요. 누구라도 절대적인 존재가 드러나는 데에 두려워하고, 신비를 느끼고, 또 어쩔 수 없이 끌리고 마는 매혹적인 체험을 할 수 있지 않을까요?

내가 가끔 종교 현장에서 보게 된 것도 오토의 설명과 비슷한 면이 있어요. 장기간 금식 기도를 하는 사람들이 영적으로 눈뜨는 체험을 전하곤 해요. 이러한 영적인 체험은 저마다 고유하며 말로 전달하기 어려우나, 대체로 절대자 신과 만날 때 마음이 떨리다가도 뭔가에 홀린 듯 무척 신비로운 체험이었다고 공통적으로 말하지요.

오토는 성스럽고 거룩한 것에 대한 이런 특유의 체험이 종교의 본질이

자 핵심이며, 이것은 종교에서만 발견된다고 강조해요. 여기서 주목할 점은 그가 체험을 중심으로 종교의 본질을 보았다는 거예요. 합리적이고 이성적으로 파악하기보다 직관, 감정, 체험에서 종교의 본질을 찾았죠. 오토의 논의는 종교의 본질에 대한 논의의 수준을 끌어올렸어요. 그리고 이러한 시각은 다음에 알아볼 엘리아데에게도 영향을 주었지요.

가장 속된 것이 가장 거룩한 것

종교학자 엘리아데(1907~1986)도 종교의 본질에 관해 유명한 정의를 내렸어요. 그는 성스러운 어떤 것이 우리에게 나타나는 것을 종교의 본질이라고 했어요. 그것을 '성현'(聖顯, 성스러움의 드러남)이라 하지요.

예를 하나 들어 볼까요. 등산을 가서 보면 가끔 하잘것없는 돌멩이로 쌓은 작은 돌탑을 볼 수 있어요. 사람들은 그 위에 돌멩이 하나를 또 올려놓고 돌에다 절을 해요. 사람이 돌멩이한테 예배드리는 것은 아닐 텐데 왜 그 앞에서 절을 할까요. 하잘것없는 돌이지만 그 앞에서 절을 하는 사람은 그것에서 드러나는 성스러움

돌탑 우리가 정말로 돌멩이를 숭배하는 걸까? 엘리아데의 '성현' 개념은 우리가 이런 돌탑에 예배하는 이유를 잘 설명해 준다. ⓒ김나미

일주문 절에 들어가려면 일주문, 천왕문을 지나야 한다. 이들 문을 지나며 종교적 믿음이 높아진다. ⓒ김나미

성당의 문 성당의 장엄한 문을 보면서 우리는 그 안이 속세와 다른 성스러운 곳이라고 여긴다. 사진은 프랑스 샤르트르 성당의 문이다.

을 체험하는 것이지요. 이때는 돌이 단순한 돌이 아니라 거룩한 존재가 되기 때문에 숭배하는 거예요. 바로 이것이 엘리아데가 말하는 성현을 잘 보여 줘요. 성현을 체험하는 순간만큼은 하잘것없는 것에도 큰 의미가 부여되어 무척 종교적이 되지요.

우리나라의 서낭당도 그런 예에 해당해요. 서낭당은 평소에는 세속적

인 공간이지만, 굿을 할 때는 성스러운 공간으로 바뀌어요. 금줄이 쳐지고 그곳에 서 있는 나무는 성물(聖物)이 되고, 그곳은 신령과 소통하는 장소가 되지요.

교회나 사찰도 마찬가지예요. 사찰은 진리의 법신불인 부처가 거주하는 신성한 공간이죠. 그곳은 속세와 구별돼요. 일주문, 천왕문, 불이문을 지나면서 성스러움의 농도가 더욱 짙어지고 종교적 믿음이 더욱 우러나오게 돼요. 세속적인 공간에서 성스러운 공간으로 들어가는 것이죠. 일주문을 경계로 성스러운 공간과 세속적인 공간이 나뉘어요. 여기서 문은 하나의 공간에서 다른 공간으로 넘어가는 이행의 상징이자 매개가 되어 주지요. 이는 교회도 마찬가지예요. 교회는 성스러운 장소로서 범죄자가 들어가도 잡아가지 못한다고 하지요.

이러한 엘리아데의 성현 개념이 힘을 얻는 이유는 원시 종교부터 오늘날 세계 종교에 이르기까지 모든 종교를 포괄적으로 설명할 수 있다는 데 있어요. 초보적인 성현, 곧 돌이나 나무에서 성스러움이 드러나는 것부터, 이른바 고등 종교인 기독교, 불교의 성현에 이르기까지 일관되게 설명해 낼 수 있으니까요.

또한 엘리아데는 성현 개념에 따라 이 세계가 태초부터 성스러운 것이 될 수 있다고 보았어요. 그래서 모든 세계는 신의 작품이라고 했지요. 다시 앞의 돌 얘기로 돌아가 볼까요? 성스러운 돌은 여전히 돌이에요. 다른 돌과 똑같아 보여요. 하지만 그 돌이 성스러운 존재로서 자신을 드러내고 있다고 생각하는 사람들에겐 전혀 달리 보이지요. 다시 말해 종교적 믿음을 가진 이에게 모든 자연은 신성함으로 자신을 열어 보이게 되는 거예요. 따라서 우주는 그 자체가 하나의 성현이 될 수 있지요. 그래서 엘리아데는 『성과 속』이란 책에서 이런 유명한 말을 했어요. "가장 거룩한 것이 가장 속되며, 가장 속된 것이 가장 거룩하다." 그는 성과 속이라는 개념으로 종교를 분석할 수 있는 훌륭한 틀을 만들었고, 그 때문에 종교학이 나아갈 토대를 만들어 줬답니다.

종교는 인간이 만들어 낸 환상?

종교의 본질을 이렇게 성스러운 측면에서도 보지만, 한편에서는 종교가 인간의 발전을 가로막는 불합리한 것이라며 부정적으로 보는 견해도 있어요. 종교의 해악성을 강력하게 비판한 사람 중에 대표적인 사람으로 카를 마르크스(1818~1883)가 있어요. 그는 종교 자체를 강하게 비판하며 "종교는 인민의 아편"이라고 했어요. 마르크스가 공격한 종교는 기독교였어요. 그는 종교가 약자의 위안물로서, 지배 계급이 피지배 계급을 착취하는 수단이라고 했어요. 사실 세계 역사를 보면, 기독교뿐만 아니라 다른 종교들도 본래 가르침과는 다르게 권력자의 수단이 된 경우가 더러 있었지요. 그래서 때로는 종교가 지배 계급을 정당화하고 피지배 계급이 순종하도록 만드는 수단이 된 것도 사

마르크스 종교는 아편과 같다고 했다.

실이에요. 그러나 마르크스가 종교의 본질을 비판했다기보다는 권력화된 종교에 대해 비판했다고 보는 것이 맞을 거예요. 그렇다면 그의 비판은 참으로 타당하지요.

마르크스 이전에도 포이어바흐(1804~1872)라는 학자가 "종교는 인간이 갖고 있는 관념적 소원의 반영일 뿐"이라며 기독교를 강하게 비판했어요. 그는 신이 인간을 창조한 것이 아니라 인간이 신을 창조했다고 주장했지요. 그리고 인간이 신을 만든 이유는 인간의 상상력, 욕망, 이기심 때문이고, 신은 이런 것이 투사된 것에 지나지 않는다고 설명해요. 인간의 소원은 끝이 없으나, 인간의 능력에는 한계가 있죠. 그래서 인간은 이상적인 존재로서 신을 만들고 그에게 도움과 위로를 받으려 한다는 거예요. 결국 신이란 인간의 소원이 대상화된 것이며, 환상 속에서 만족된 인간의 행복을 바라는 욕구일 뿐이라는 것이지요. 예컨대 천국이란 것도 그래요. 천국이나 극락은 상상 속에서 미화되고 이상화된 현세에 불과하죠.

포이어바흐의 비판은 여기서 그치지 않아요. 더 나아가 그는 종교가 인간을 소외시킨다고 비판했어요. 신을 설정함으로써 인간은 현실적이고 유한한 존재와 이상적이고 무한한 존재로 나뉘어요. 그 속에서 인간은 자신이 만든 신에게 지배를 받고 소외당하게 된다는 것이지요. 이러한 비판은 분명 타당한 점이 있어요. 진정한 종교인이라면 이러한 비판을 겸허히 받아들여야 하겠죠.

그러나 이들의 종교 비판은 몇몇 한정된 종교 현상에 대한 비판이라고 할 수 있어요. 종교의 세계는 그보다 더 깊고 넓은 세계거든요.

극락도 종교마다 죽음 이후를 보장하는 장소가 있다. 그렇지만 천국이니 극락이니 하는 곳을 죽어서 가기보다는 지금 우리가 사는 곳을 아름답게 만드는 것이 낫지 않을까?

이왕 종교에 대한 비판적 분석을 보았으니, 이번에는 정신분석학자 프로이트(1856~1939)의 견해도 한번 살펴볼까요? 그는 사람들이 종교에 의지하는 것은 신경증적인 강박 노이로제 증상이라고 보았어요. 그리고 사람이 진정 행복하기 위해선 의존적인 종교를 탈피해야 한다고 했지요. 그는 "종교적 개념들이란 가장 오래되고, 가장 강력하고, 가장 간절한 인류의 소원이 겉으로 드러난 환영"이라고 주장했어요. 프로이트에게 종교란 사람에게 부질없는 희망을 갖게 하는 환상인 것이지요. 그리고 그 환상에 매여 있을수록 개인은 미성숙한 상태에 머무르고 행복할 수 없게 된다고 보았어요.

예를 들면, 기도 안 했다고 벌 받았다거나 절에 안 갔다고 나쁜 일이 일어났다고 말하는 것들이지요. 나는 학교에서 천주교 신자인 한 학생이 아침 묵주 기도 올리는 것을 까먹어서 나쁜 일이 일어났다고 하는 경우도 보았어요. 이런 행동들이 강박 신경증이라고 할 수 있죠. 예수님과 부처님은 기도하지 않았다고 벌을 주는 그런 유치한 존재가 아니랍니다.

인간의 역사를 보면 실제로 종교라는 이름을 내세워 많은 억압이 이루어졌고, 사람들이 스스로 성숙할 기회를 놓치거나 자신을 불행하게 만든 경우가 있었던 것도 사실이에요. 누군가는 "사람이 종교를 가짐으로써 받을 수 있는 불행 중 가장 큰 것은 스스로 생각하는 능력을 박탈당하는 것이다."라는 말도 했어요. 따라서 종교를 아편이나 환상이라고 한 마르크스, 포이어바흐, 프로이트의 주장을 깊이 생각해 보면, 많은 사람들의 종교적 믿음이 어쩌면 스스로 지어냈거나 잘못된 교리에서 나온 것일 수도 있어요. 진정한 종교인이라면 이들의 주장에 관심을 갖고 자신의 신앙을 한번 점검해 보는 것도 좋을 것 같아요.

종교를 정의할 수 있을까?

이제껏 종교의 본질에 관해 다양한 견해를 살펴보았지만, 종교에 대해 더 복잡한 생각만 늘어났을지도 모르겠네요. 사람들에게 "종교란 무엇인가요?" 또는 "종교를 뭐라고 생각하나요?" 하고 물으면 천차만별의 대답이 나와요. 마치 "사랑이 무엇인가요?" 하고 물었을 때 모두 다르게 대답하는 것과 똑같다고나 할까요. 사람마다 종교에 대해 달리 말하는 이유는 저마다 삶의 방식과 고민, 그리고 삶의 의미를 찾는 이유가 다르기 때문이겠죠.

세계적인 종교학자들도 종교에 관해 모두 다르게 말하는 것을 보면, 종교를 정의 내리기란 참으로 어려운가 봐요. 그들은 종교의 본질에 대해 '미지의 세계에 대한 해석 방법'이라거나, '절대자에 대한 절대 의존의 감정'이라거나, 또는 '실존의 체험'이라거나, '초월적인 세계의 문에 노크하는 것'이라고도 했죠. 이러한 정의는 때로 다른 종교에 대해서는 부당한 편견이나 선입관을 갖게 만드는 점도 있어요. 예를 들어 "종교는 신과 인간의 관계다."라고 한다면, 반드시 신을 가진 종교만을 말하는 것이니까요. 종교학자들 가운데에는 신부나 신학자들이 많았는데, 그들도 종교에 대해 만족할 만한 정의를 내놓지 못했어요. 그들이 내린 정의는 자신의 종교에만 해당되는 것들이 많았으니까요.

결국 학자들은 종교는 정의 내릴 수 없다고 결론지었어요. 종교 현상이 무척 다양하기 때문에 보편적인 정의를 내리기 어려운 것이지요. 종교는 대체로 개별 문화권에서 자기들만의 익숙한 개념을 기준으로 삼아 정의 내리게 마련이므로 '종교란 이런 것이다.' 하고 단언할 수 없는 면도 있지요. 그래서 종교학계에서는 종교가 무엇이냐고 더는 질문하지 않는 것이 기본이지요. 그렇지만 종교를 정의하려고 한 그동안의 노력과 시도가 종교에 대해 더 깊고 넓은 이해를 가져다준 것만은 틀림없는 사실이랍니다.

3

세계의 종교는 상호 작용의
결과물이에요

앞서 세계의 여러 종교를 간략하게 알아보았지만, 역사적으로 각 지역별로 전개된 종교의 세계는 매우 폭이 넓어요. 그래서 특정 종교의 특징을 단정 짓기에는 무리가 있지요. 특히 오늘날 우리가 사는 세상은 갈수록 각 종교의 일반적 특징을 규정하기가 더 어려워지고 있어요. 같은 종교라도 국가나 지역에 따라 믿음의 체계가 다르니까요. 특히 나라마다 고유한 풍습이 있는데, 이것이 외부에서 들어온 종교와 섞이는 현상을 자주 볼 수 있어요. 예를 들어, 티베트 불교는 원래 티베트 사람들이 믿던 '본'이라는 민간 종교에 불교가 가미되어 아주 특이하게 발전한 불교의 한 형태지요.

불교만이 아니라 기독교도 전파된 곳에 따라 그 지역의 관습과 융합되는 과정에서 본래의 교리나 가르침과 달라진 것들도 있답니다. 초기 교회가 제도화하는 과정에서 기독교의 핵심 정신이 흐려지거나 지역적인 영향 때문에 새로운 면이 더해지기도 하지요.

우리나라에 들어온 외래 종교는 불교든 기독교든 기복적인 요소가 많아요. 이는 기존의 민간 신앙과 외래 종교가 교리를 절충해서 그렇게 된 것이죠. 이렇게 모든 종교는 고유 종교와 외래 종교의 융합 과정을 거쳐 새로운 얼굴로 나타나기도 하지요. 그래서 종교학자들도 종교에서 순수한 형태를 찾아보기가 점점 더 어려울 것이라고 말하고 있어요.

기독교와 불교만이 아니라 모든 세계 종교가 혼자서 발전한 것이 아니라 당시 사상이나 민간 신앙과 교류하고 영향을 주고받으며 형성되었어요. 교리만이 아니라 제도나 의례도 서로 유입되거나 혼합되며 이루어졌지요. 따라서 역사학자 토인비는 "모든 종교는 세계 이곳저곳에서 서로

절에 흡수된 산신 한국 절의 산신각은 종교 혼합의 대표적인 예다. 민간 신앙의 하나인 산신 신앙이 불교에 흡수되었다. ⓒ김나미

불상의 영향을 받은 예수상 머리의 가시관은 예수를, 손동작은 성모 마리아를, 다리의 자세는 미륵보살반가사유상을 닮았다. ⓒ김나미

혼합된 것이다."라고 말했어요. 따라서 '나 홀로 종교'는 있을 수 없는 거죠.

이런 점에서 어느 날 갑자기 하늘에서 뚝 떨어진 종교는 없다는 말도 하지요. 유대교가 조로아스터교의 영향을 받아 교리가 정립된 것처럼 말이지요. 또 힌두교와 이슬람교가 절충되어 시크교라는 인도 종교가 나왔고, 중국 불교의 꽃이라 하는 선종도 불교와 도가 사상이 융합되어 새로운 모습으로 나타난 것이지요.

종교 사상에서도 이와 같은 현상이 눈에 띄게 드러나요. 예를 들면 영지주의라는 사상이 있어요. 1~3세기에 지중해 지역 전체에 퍼져 있던 이 사상은 지중해 연안의 여러 토속 종교와 인도의 종교, 그리고 기독교

조로아스터교와 기독교의 혼합 조로아스터교에서 악의 신 앙그라 마이뉴가 최초의 인간 남녀에게 과일을 건네며 유혹하는 장면이다.

까지 혼합하고 절충하여 이루어진 종교적 흐름이었어요. 그런데 기독교가 세력을 얻자 로마 교회로부터 이단으로 몰렸지요. 영지주의는 범위가 매우 넓은 개념이지만 간단히 말하자면, '영적인 지식'을 추구하는 사상이에요. 여기서 추구하는 지식은 단순히 이성적인 지식이 아니라 깨달음을 중시하는 영적인 지식이죠. 영지주의는 인간이 신비한 영역을 통찰하거나 직관할 수 있다고 보아요. 비록 이것이 초기 기독교 성립 과정에서 배척되어 사라지기는 했어도, 초기 기독교에 이런 영지주의 요소가 전혀 없었다고는 말할 수 없어요. 결국 세계 종교는 긴 세월에 걸쳐 다른 지역으로 전파되는 과정에서 언제나 서로 영향을 주고받았으며, 그것이 오늘날 우리에게 전해졌다는 사실을 기억해야겠죠.

알고 보면 종교의 뿌리는 하나

서로가 서로에게 영향을 주고받으며 성장해 온 것이 종교이므로 모든 종교에는 공통적인 면이 있어요. 나는 종교를 공부하며 18개 종교 현장을 다녀 보았는데, 저마다 문화권이 독특하고 달라도 각 종교의 예식은 비슷비슷하더라고요. 제도적인 형식과 의례 형태는 조금 다르더라도 결국 모두 한곳을 지향하고 있었어요. 특히 신을 받드는 종교에서는 '하나님'이라는 하나의 신을 지칭하는 것 같았어요. 기독교에서는 하나님, 예수님, 유대교에서는 야훼, 조로아스터교에서는 아후라 마즈다, 이슬람교에서는 알라, 힌두교에서는 시바와 크리슈나, 모두 이름만 다를 뿐 똑같은 신이지요. 종교의 이름이 무엇이든, 신의 이름이 무엇이든, 모든 종교의 뿌리는 하나라는 것이 내가 얻은 결론이랍니다. 세계 종교 경전을 두루 공부해 보면 모두 이름만 다를 뿐이지, 하나의 신이라는 점에 더욱 확신이 생겨요.

종교의 뿌리는 하나이므로 "남의 것을 알면 내 것이 더 잘 보인다."는 말도 하지요. 아는 사람 가운데 동국대 스님이 있는데, 그분이 성경을 읽고 나더니 아주 좋아했어요. 성경을 아니까 법화경이 저절로 읽힌다는 거였어요. 법화경과 성경의 가르침에 서로 통하는 점이 있는 거죠. 또 주마다 열리는 경전 읽기 모임에서 자신을 열성 장로교인이라 소개하는 분을 만났어요. 그는 경전 읽기 모임에서 불교의 경전인 육조단경을 공부한 다음부터 성경이 제대로 보이더라며 좋아했어요. 성경의 내용이 비로소 이해되니까 재미가 있다며 싱글벙글하더라고요. 남의 것을 통해 내 것을 확실히 배운 경우라 할 수 있죠.

나도 어떤 종교의 경전을 읽다가 안 풀릴 때는 다른 종교의 경전을 같이 놓고 대조해 봐요. 그러면 무슨 말인지 알게 되기도 해요. 예를 들어 볼게요. 내가 처음으로 성경을 읽었을 때 예수님이 말씀하신 "천국이 네 안에 있느니라."가 무슨 말인지 제대로 알지 못했어요. 그런데 이것이 불교에서 말하는 "밖에서 찾지 말라.", "네가 곧 부처다."와 같은 말이라는 것을 알고 나서 쉽게 이해가 되었어요. 이런 점에서 나는 특정 종교만이 진리를 말한다는 데 의문을 가지며, 진리는 서로 통한다는 말에 동의하지요. 경전을 글자 그대로 보기보다는 이렇게 다른 종교의 말로 풀어 보거나 상징적인 면을 찾아보면 의미의 폭이 더욱 넓어지고 새로운 시각에서 다시 읽을 수도 있지요.

같은 뜻인데 낱말만 다르든가 표현이 다른 비유나 은유법을 썼을 뿐, 모든 성인의 말씀은 공통된 점이 참 많아요. 여러분 가운데 주일 학교에 나가는 사람도 있겠고 절에 다니는 사람도 있겠지요. 친구가 믿는 다른 종교에 대해서도 알아 두면 내 종교를 아는 데 큰 도움이 될 거예요.

마지막으로 종교를 물로 비유해 볼게요. 내가 쓰고 버리는 물부터 하늘에서 내리는 빗물, 계곡물, 시냇물도 결국은 모두 바다로 흘러 들어간답니다. 종교도 이와 같아요. 사람이 무엇을 믿든, 어떤 종교를 갖든 결국 커다란 바다로 흘러 들어가는 것과 같지요. 그래서 나는 이름이 달라도 결국은 모두 같은 신이라고 믿어요. 최종 목적지가 바다라는 것은 같지만 물이 흘러가는 길은 다를 수도 있으니까요. 산을 예로 들어도 돼요. 산꼭대기로 올라가는 길은 여럿이지만 꼭대기는 하나인 것처럼, 모든 종교가 지향하는 점은 하나랍니다. 산을 오르는 방법에는 여러 가지가 있으나 정상은 같고 결국 다시 만나는 것이지요. 그래서 높은 경지에 이른 종교인들은 서로 종교가 달라도 상대의 경지를 알아본다고 하지요.

종교의 진짜 본질은 실천

세계적인 종교의 가르침에는 차이점도 있지만 공통점도 있어요. 종교의 일반적인 정의는 상대적인 것을 초월해서 절대자에게 나아가거나 개인의 자아 완성이라고도 하지만, 기본적으로 종교는 거의 모두 사랑, 자비, 관용, 평등, 평화, 인류애를 강조해요.

나는 신자라면 '무엇을 믿는가' 보다도 '어떻게 실천하는가' 가 더욱더 중요하다고 생각해요. 성경에서도 "행함이 없는 믿음은 죽은 것이다." 라고 했거든요. 이것은 종교는 가르침대로 실천하지 않으면 생명력이나 생동감이 없다는 뜻이에요. 종교를 선택하는 것도 중요하지만, 그 뜻을 바로 알고 직접 실천하는 것은 더욱 중요해요. 종교를 신앙으로 받아들여 경전의 말씀에 따라 실천하며 산다면 가장 이상적인 종교인이 될 수 있을 거예요. 스스로의 힘에 의한 것(자력)이든 신의 힘을 빌리는 것(타력)이든 종교는 실천이 반드시 뒤따라야 합니다. 모든

길거리 의사 돌아가신 마더 테레사 수녀께서 운영하던 집 앞에서 의사들이 환자를 치료하고 있다. 이렇게 남과 나누는 실천을 하지 않고는 진정한 종교 생활을 한다고 할 수 없으며, 또 종교를 이해할 수도 없을 것이다. ⓒ김나미

종교의 창시자들도 실천을 강조했지요.

예수의 가르침의 핵심이라면 내 이웃을 내 몸처럼 사랑하고, 심지어 원수까지도 사랑하고 그를 위해 기도하는 것, 그리고 우리가 주변 사람들에게 착한 언행을 베풂으로써 하나님을 영광되게 하는 것을 들 수 있겠지요. 오로지 "주여!" 하고 부른다고 천국에 가는 것은 아니죠. 하나님의 가르침을 실천하는 자에게 "천국이 네 안에 있다."고 말씀에도 나와 있지요. 예수의 가르침을 신자들이 진정으로 받아들인다면, 예수가 그토록 강조한 사랑을 실천할 수 밖에 없을 거예요. 나는 이것이야말로 진리이고 이 진리가 우리를 자유케 하는 것이라고 믿고 있어요.

그래서 누가 종교의 본질이 무엇이냐고 묻는다면, 나는 교리를 떠나 종교마다 특정한 아름다운 가르침을 직접 실행에 옮기는 것이라고 대답하겠어요. 종교계에서 앞장서서 난민을 돕거나 재난이 닥친 곳에서 구호 활동을 하는 것을 본 적이 있는데, 이런 일이야말로 서로 사랑을 나누고 자비를 실천하는 것이 아닐까요? 사랑과 자비를 강조하는 만큼 도움의 손길이 필요한 곳에 조금이라도 나누고 사랑을 베푸는 것이 중요하다고 봐요. 이것이야말로 선교나 전도보다 먼저 실천해야 할 것이지요. 초기에

Peace in your Heart,
Peace in your Home,
Peace in the World,
Love the Little Children.

God bless you
M. Teresa MC

마더 테레사 소외된 자와 함께했던 마더 테레사야말로 진정한 종교인일 것이다. ©김나미

사회적 실천 종교인의 실천은 때로 개인의 수행을 넘어 더불어 사는 사회를 위한 노력으로 뻗어 나가기도 한다. 2008년 서울시청 앞 거리에 선 천주교 정의구현사제단의 모습이다. ⓒ강기희

우리나라에 들어왔던 외국인 선교사들은 선교뿐만 아니라 학교와 병원을 세우고 교육이나 의료 기관에서 봉사를 했어요. 지금도 종교 단체의 선교사나 수녀들이 대부분의 복지 시설을 맡아 운영하는 것을 보면 이것이 사랑의 실천이고 자비가 아닐까 싶어요.

프랑스의 피에르 신부는 이런 말을 했어요. "사람을 굳이 두 부류로 나누어야 한다면, '믿는 자'와 '믿지 않는 자'로 나누는 게 아니라 '이웃사랑을 실천하는 자'와 '그렇지 않은 자'로 나눌 수 있다."고요. 또 얼마 전 은퇴한 노학자 한 분과 대화를 나눈 적이 있어요. 그분은 20대부터 50년간 철학과 종교를 두루 공부했어요. 내가 "모든 종교의 핵심 가르침을 무엇이라 생각하십니까?" 하고 물었더니, "사랑과 생명 존중을 실천하는 것이지." 하고 대답했어요.

그런데 종교는 실천하는 것이라고 말하면, 하고 싶어도 가진 게 없어서 못 한다는 사람들이 참 많아요. 불교 경전에 이를 꾸짖는 이야기가 있어요. 어떤 청년이 부처님을 찾아가 이렇게 호소했대요.

청년: 저는 하는 일마다 제대로 되는 게 없으니 무슨 까닭입니까?

부처님: 그것은 네가 남에게 베풀지 않았기때문이니라.

청년: 저는 아무것도 가진 게 없는 빈털터리입니다. 남에게 줄 것이 있어

야 주지, 무얼 준단 말씀입니까?

부처님: 그렇지 않느니라. 아무리 재산이 없더라도 줄 수 있는 일곱 가지가 있다. 첫째는 부드럽고 정다운 얼굴로 남을 대하는 것이요. 둘째는 고운 말로써 얼마든지 베풀 수 있으니 사랑의 말, 칭찬의 말, 위로의 말, 격려의 말, 양보의 말, 부드러운 말을 건네는 것이다. 셋째는 착하고 어진 마음으로 자신의 마음의 문을 활짝 열고 따뜻하게 대해 주는 것이다. 넷째는 편안한 눈빛으로 사람을 보는 것이요. 다섯째는 몸으로 하는 것, 예를 들면 남의 무거운 짐을 들어 준다거나, 예의 바르고 공손한 태도로 남의 일을 돕는 것이요. 여섯째는 다른 사람에게 자리를 내주어 양보하는 것이다. 일곱째는 오갈 곳 없는 사람을 재워 주는 것이다. 아무리 작은 것이라 할지라도 도와주고 베푸는 것이다.

아마 여러분도 이 가운데 하나라도 할 수 있는 일이 있을 거예요. 이것이 바로 불교 용어로 자비이자 보시라는 것이지요. 사람은 누구나 나눌 수 있는 것이 있어요. 추운 사람에게 따뜻한 물 한 잔 나누고, 아픈 사람에게 따스한 말 한마디 나누는 것도 사랑이고 자비가 아니겠어요?

세계적으로 존경받는 정신적 지도자 달라이 라마도 이런 말을 했어요. 어떤 스님이 "종교의 진정한 의미는 무엇입니까?" 하고 묻자, 달라이 라마는 주저 없이 "친절입니다. 무엇보다 먼저 친절한 마음으로 모든 사람을 대하세요." 하고 말했답니다.

나오는 글

여러분, 세상에 있는 다양한 종교를 구경 다녀온 기분이 어떤가요? 혹시 여러분이 종교에 궁금한 것이 있었다면 조금이라도 풀렸길 바라지만, 종교라는 주제가 워낙 넓고 또 사람들마다 보는 눈이 다를 수 있으니 이것이 종교를 아는 전체이거나 지름길은 아닐 거예요. 그리고 각 종교를 특정 짓는 신화나 상징, 그리고 신비주의적 성향의 종교는 다루지 않았어요. 그 이유는 너무 방대하기 때문이에요. 하지만 여러분이 기본으로 세계 종교에 대해 알아야 할 것들만 모았다고 보면 맞을 거예요. 요즘은 반드시 신자가 아니더라도 종교에 대해 아는 것은 기본 교양이 되었으니까요.

여러분이 설령 지금 아무런 종교를 갖고 있지 않다 해도 앞으로 어떤 종교를 믿게 될 때 종교에 대해 조금 알고 난 다음 확신을 갖고서 선택하는 것이 여러분 자신에게도 좋을 거예요. 권유나 강요에 의해서 믿기보다는 자신의 실존적 문제나 인생 문제와 연관 지어 스스로 찾아보세요. 간혹 "이것이 나에게는 진리로 들린다." 하는 것이 있다면 경전부터 공부하는 것이 좋을 거예요. 이미 어떤 종교를 따르고 있다면 맹목적으로 믿기보다는 경전부터 깊이 읽고 사색해 나가는 것이 중요해요. 이렇게 해서 실천으로까지 옮긴다면 올바른 종교 생활을 해 나갈 수 있을 것이라 믿어요. 종교 간 평화와 화합을 기원하는 마음으로, 내가 싱가포르에 살 때 보았던 이야기를 하나 전할게요. 나와 친하게 지내던 어떤 여자분이 기독교인이었는데 큰아들은 무슬림, 큰딸은 수녀, 둘째 딸은 힌두교인, 막내아들은 신이 있는지 없는지 모르겠다는 불가지론자였어요. 각각 따로 살지만 명절 때 어머니의 집에 모두 모여요. 이때 식사를 같이 하게 되는데, 어머니는 힌두교인인 딸을 위해 소고기 요리를 못 하고 무슬림인 아들을 위해 돼지고기 요리를 못 하니까 주로 닭고기 요리를 해요. 또 애견을 키우는 어머니는 무슬림 아들을 위해 잠시 개를 방에 묶어 두기도 하지요. 이슬람 규범에서는 개의 코를 만지면 안 되거든요. 이렇게 한집안에 여러 종교가 있지만 아주 조화롭게 잘 지내는 집도 있답니다.

이 어머니처럼 우리 모두 열린 마음이라면 가정도, 사회도, 세상도 모두 평화롭겠죠.

이 세상을 평화롭게 하자고 각 종교의 지도자들이 모여 서로 대화를 시도하고 있는 것이 21세기 종교계의 흐름이랍니

종교 간 대화 세계 여러 종교의 지도자들이 함께 모여 대화하고 있다. 종교 간에 서로 대화하고 조화를 도모하는 것이 오늘날 종교계의 큰 흐름이다.

교황 요한 바오로 2세 종교 간 대화를 적극 이끈 교황 요한 바오로 2세는 이웃 종교에 대한 존중을 몸소 보여 주었다.

다. 천주교에서는 일찍이 1962년부터 시작했어요. 바로 교황청에서 열린 제2차 바티칸 공의회에서 이웃 종교에도 진리가 있음을 인정했고 종교 간 대화를 시도했지요. 이것을 실천으로 옮긴 분이 2005년 돌아가신 교황 요한 바오로 2세였어요. 교황은 살아 계실 적에 종교 간에 서로 대화하며 화해하자는 노력을 많이 했지요. 그리고 과거에 천주교가 저지른 잘못에 대해 용서를 구하는 특별 미사도 집전했어요. 천주교인은 물론이고 전 세계인의 존경을 받을 만한 분이었어요.

이렇게 교황청에서부터 문을 연 덕분에 요즘은 종교인들이 서로 대화하자는 모임이 많아지고 있어요. 한스라는 신학자는 "종교 간 대화 없이 종교 간 평화가 있을 수 없고, 종교 간 평화 없이 세계 평화가 있을 수 없다."고 말하면서 종교 간 협력을 강조했어요. 국제적인 종교 간 대화·협력 운동이 10개 정도 있는데, 우리나라에도 지부가 있어요. 대표적으로 '종교인평화회의', '세계종교연합' 같은 조직이지요. 서로 다른 종교의 성직자나 종교인들이 한자리에 모여 상대방의 종교도 배우고 서로 화목하게 지내며, 국가에 큰일이 일어나면 종교의 입장에서 조언도 건네고 있답니다. 그뿐만 아니라 종교의 벽을 넘어 가난한 이웃이나 아픈 사람을 위한 봉사 활동도 함께 펼치고 있지요.

　내가 아는 어떤 목사님 이야기를 들려줄게요. 그분은 다른 종교에도 진리가 있다고 인정하는 열린 태도를 지닌 목사님이에요. 유교적인 분위기가 강하고 종교와는 상관없는 집안에서 컸지만 고등학교 때 영적인 체험을 했대요. 그 후 법대나 의대를 뿌리치고 신학과에 들어가 신앙심을 키워 목사가 되고 교수도 되었어요. 그런데 목사님은 다른 종교에도 분명 배워야 할 좋은 점이 있다고 하시며, 교회에 스님을 모셔서 불교 이야기도 듣고 있지요. 기독교에서 모자라는 부분을 불교 공부로 보완하고, 또 서로 이해하자는 뜻이었지요. 스님을 교회로 모신 날 나도 그 교회에 있었어요. 그때 목사님이 스님에게 보여 준 포용력과 배려에 큰 감동을 받았어요.

　어떤 철학자는 자기의 신앙은 갖고 있으면서 다른 종교를 하나 더 추가한 '가종'(加宗)이라는 개념을 제시했어요. 종교를 바꾸는 개종이 아니라 하나를 덧붙인다는 것이지요. 이러한 가종은 개종이라는 개념에 담긴 배타성을 버리고 다른 종교를 인정하며, 내 종교와 다른 종교를 서로 보완하자는 생각에서 나온 것이지요. 세상은 이미 다원화되었고 종교에서도 열린 마음과 포용이 필수인 만큼, 오늘날 가종이라는 개념은 매우 쓸모가 있다고 생각해요.

끝으로 여러분에게 작별 인사로 세계 종교의 인사를 알려 줄게요. 먼저 유대인이 쓰는 인사인데, 혹시 "샬롬"이라고 들어 봤나요? 요즘은 유대인만 쓰지 않고 광범위하게 쓰여요. 샬롬은 '하나님이 주신 복'이라는 뜻으로, 상대에게 하나님의 은혜를 듬뿍 받고 복을 많이 누리라는 마음을 전하지요. 이슬람의 인사는 "앗살라무 알레이쿰"이에요. '당신에게 평화가 깃들기를'이라는 뜻이에요. 아메리카 원주민의 인사는 "미타쿠예 오야신"이에요. '나와 관계된 모든 것에 축복을 주소서.' 하는 뜻이죠. 인도와 네팔에서는 "나마스테" 하며 두 손을 모아 가슴에 대고 고개를 숙이며 인사해요. 나마스테는 '내 안의 신이 당신 안의 신에게 인사드립니다.' 하는 뜻이에요. 두 손을 모으는 것은 마음으로부터 기원한다는 것을 의미하지요. 마찬가지로 불교에서도 앞으로 부처가 되라고 "성불하세요." 하며 두 손 모아 합장을 하지요.

베트남 메콩 강가 산꼭대기에 가 보면, 부처님과 예수님이 서로 어깨를

나란히 하고 얼싸안은 모습의 조각
상이 있어요. 이것을 보고 나는 이
두 분뿐만 아니라 모든 종교인들이
다 같이 모여 서로 끌어안는 장면을
상상했어요. 그렇게 된다면 우리가
사는 지구촌은 그야말로 지상에 있
는 낙원이 되고 천국이 되지 않을까
요? 여러분도 마음의 문을 활짝 열

복장은 달라도 한 마음 종교 간 대화 모임에서
여러 종교의 성직자들이 함께 한 모습이다. 왼
쪽부터 원불교, 불교, 천주교, 유교 성직자다.
소속 종교는 달라도 모두 한마음이 아닐까?
ⓒ김나미

고 세계의 모든 종교를 다 끌어안을 수 있는 사람이 되길 간절히 바랍니다.

개개인 모두 평안하고, 나아가 이 사회와 세상이 사랑과 자비로 가득
하게 되기를 고대합니다. 평화로운 세상을 꿈꾸며, 여러분이 누군가에
게 행복을 선사하길 바라면서 모든 신의 이름으로 기도 드립니다.

김나미 두 손 모음